Das Venedig-Lesebuch

Impressionen und Rezepte aus der Lagunenstadt

W0296891

Zu diesem Buch

Sanft gleitet eine Gondel durch den Kanal. Leise plätschert das grünlich leuchtende Wasser gegen die Mauern der Palazzi, deren Fassaden wie das Meisterstück eines Zuckerbäckers wirken. Mit sanftem Schwung neigt sich eine kleine Brücke über den schmalen Wasserweg, und gleich einer surrealen Erscheinung schreitet eine Gestalt in rauschendem Gewand darüber, das Gesicht hinter einer melancholischen Maske verborgen. Wir sind in Venedig, der verwunschenen Stadt, beseelt durch Träume und Märchen von Edelmännern, Prinzessinnen und tausendundeiner Nacht.
Dieses Buch erzählt Geschichten aus Venedig. Von der Flucht in die Lagune bis zur Blüte der Seerepublik, von infamem Raub und immensem Reichtum, von grandioser Kunst und bezaubernder Schönheit, von schöpferischen Genies und von kleinen Gaunern. Der farbenfrohe Reigen unterhaltsamer Episoden wird durch die typischen Rezepte der Serenissima abgerundet.
Kommen Sie mit auf eine Reise in die Lagune von Venedig!

Almut Irmscher wurde in Wuppertal geboren und wuchs im grauen Mönchengladbach der Siebzigerjahre auf. Sie hat drei Kinder und lebt heute mit ihrem Mann im Bergischen Land. Ihre Reisebücher erzählen von Land und Leuten, von Spezialitäten und Besonderheiten. Es sind Reiseerlebnisse für alle Sinne.

Taschenbuchausgabe, Auflage April 2021
© 2017 Almut Irmscher, Nümbrecht - www.almutirmscher.de
Covergestaltung: © Dennis Irmscher, Wiehl
Coverbild © Almut Irmscher
ISBN-10: 1544743793 ISBN-13: 978-1544743790

Almut Irmscher

Das Venedig-Lesebuch

Impressionen und Rezepte

aus der Lagunenstadt

Inhalt

Fotos aus Venedig

finden Sie online im Fotoalbum auf

www.almutirmscher.de

Einführung – Willkommen in der Lagune!

Dramatische Szenen spielen sich ab, als Indiana Jones in Begleitung einer blonden Archäologin von mordgierigen Gralshütern verfolgt wird. Wild peitschen die beiden auf ihrem Motorboot durch die Lagune, entkommen nur knapp einem grausamen Tod im Industriehafen, um dann endlich über einen Kanal in die Stadt einzufahren. Sie haben sich ihrer Feinde entledigt. Wo es eben noch so nervenaufreibend zuging, lenkt Indiana Jones nun sein Motorboot souverän vorbei an den vornehmen Fassaden der alten Palazzi. Ein märchenhafter Anblick, nicht minder atemberaubend als die Kampfszenen zuvor. Was mag ein junger Mensch dabei empfinden, der noch niemals in Venedig gewesen ist?

Mein Sohn ist elf Jahre alt, als wir zum ersten Mal gemeinsam nach Venedig reisen. Über den Ponte della Libertà – die „Brücke der Freiheit" – sind wir hinaus zur Altstadt in der Lagune gefahren. Das ist die parallel zum Eisenbahndamm verlaufende, knapp vier Kilometer lange Straßenbrücke, die Venedig seit 1933 mit dem Festland verbindet. Sie führt uns zur Piazzale Roma, wo wir unser Auto in einem Parkhaus abstellen. Noch sind wir scheinbar Welten entfernt von jeglicher Venedig-Romantik. Weder die nüchterne Straßenbrücke noch das hektische Ambiente der Piazzale Roma, dominiert vom grottenhässlichen

Kasten des Parkhauses, versprechen auch nur einen Anflug davon.

Wir eilen durch den brausenden Verkehr hinunter ans Wasser. Hier befindet sich eine Anlegestelle für Wassertaxis, und bereits im nächsten Moment sind wir an Bord. Der Fahrer wirft den Motor an, schon biegen wir in den Canal Grande ein, und weiter geht es durch einen Seitenkanal mitten hinein ins historische Herz der Lagunenstadt. Von einem Augenblick zum anderen gelangen wir in eine völlig andere Welt.

Ich sehe hinüber zu meinem Sprössling, der hinter dem Fahrer steht und mit weit geöffneten Augen umherschaut. In seinem Blick spiegelt sich jene fassungslose Faszination, die wohl nur empfinden kann, wer zum ersten Mal nach Venedig kommt. Wer zum ersten Mal mit eigenen Augen sieht, dass diese überwältigende Schönheit tatsächlich real existiert. Vor allem natürlich, wenn man ein kleiner Junge ist, der für Helden wie Indiana Jones schwärmt. Denn für die Dauer dieser Einfahrt im Wassertaxi ist er nichts Geringeres als Indiana Jones persönlich. Für ein paar Atemzüge ist der Film für ihn zur Wirklichkeit geworden, und er selbst ist mittendrin. Welche Kulisse hat die Kraft, solch eine außerordentlich starke Illusion zu bewirken? Wo auf der Welt sind Traum und Tatsächlichkeit so untrennbar miteinander verwoben wie hier in Venedig?

Das ist der Grund, weshalb Venedig die Liste der begehrtesten Reiseziele unserer Erde mit Abstand anführt.

Wo Hong Kong in der Statistik der meistbesuchten Weltstädte mit knapp 28 Millionen Gästen vorne liegt, stellt das kleine Venedig die chinesische Sieben-Millionen-Metropole mit mehr als 30 Millionen jährlichen Besuchern ins Abseits. Eine sagenhafte Zahl, wenn man bedenkt, dass die Hauptstadt der Region Venetien zwar rund 260.000 Einwohner hat, davon aber inzwischen weniger als 52.000 in den historischen Vierteln des kanaldurchzogenen Zentrums in der Lagune wohnen. Rein statistisch heißt das, dass dort auf jeden Venezianer alljährlich sage und schreibe 577 Touristen kommen. Auch wenn die meisten davon nur Tagesgäste sind, schockiert diese Zahl. Und den Folgen des gewaltigen Ansturms muss man schonungslos ins Gesicht sehen, wenn man sich mit Venedig befasst.

Doch davon weiß mein Kleiner nichts, als wir an diesem kühlen, aber sonnigen Apriltag durch Venedigs Kanäle cruisen und schließlich am Markusplatz aussteigen. Der legendäre Platz quillt über vor Menschen. Allein der Versuch, in den Markusdom hineinzugelangen oder etwa auf den Markusturm hinaufzufahren und von oben den Rundblick über Venedig zu bestaunen, scheint angesichts der immensen Warteschlangen völlig aussichtslos. Wir machen auch nicht den Fehler, uns auf der Außenterrasse eines der Cafés auf dem Markusplatz niederzulassen, um eine Erfrischung zu uns zu nehmen. Die Preise sind schwindelerregend, und ob die Investition angesichts des allgemeinen Gewusels lohnend ist, scheint fraglich. Mitten in diesem exorbitanten Gedränge ist wohl kaum daran zu denken, die einzigartige Atmosphäre zu genießen.

Wir begeben uns lieber auf einen Streifzug durch die Gassen, entlang des unüberschaubaren Gewirrs der Kanäle, über zahllose Brücken, vorbei an kleinen Läden und Werkstätten. Je weiter wir uns von den üblichen Wegen der Touristen entfernen, desto mehr schenkt uns die würdevolle alte Dame von ihrem unvergleichlichen Charme. Sie ist die Serenissima, „die Durchlauchtigste". Das ist der Beiname, den die Venezianer ihrer prachtvollen Stadt geschenkt haben, und die Palazzi, die stillen Kanäle, die schmucken Kirchen und grazilen Brücken erzählen von der Herrlichkeit vergangener Größe, als die Seerepublik Venedig noch weite Teile des Mittelmeerraums beherrschte.

Jetzt hat sich ein morbider Hauch über die Stadt gelegt, eine träumerische Melancholie, die dem grünlich schimmernden Wasser der Kanäle entsteigt und mit kühlem Odem nach den Mauern und Grundfesten der Palazzi greift. Eine stolze Schwermut scheint heimliche Herrscherin über die Stadt zu sein. Sie umschlingt mit ihrem feuchten Schimmer die Gemäuer, als wäre ganz Venedig nur kurz dem Totenreich entstiegen, dessen Nebel es im nächsten Augenblick schon wieder verschlingen mögen. Die allgegenwärtige Nähe eines unausweichlichen Endes scheint es zu sein, die Venedig seine ganz besondere Magie verleiht. Und sie dominiert selbst da, wo die Stadt am fröhlichsten ist: im Karneval. Über den fantastischen Larven und großartigen Maskeraden schwebt stets auch ein Fluidum von Traurigkeit. In allem Glanz ist doch auch schon sein baldiger Abgesang enthalten, die Vergänglichkeit ist Venedigs ständige Gegenwart.

Welch ein Gegensatz zu dieser malerischen Tristesse ist der quirlige Alltag in den lebendigen Gassen. Die Souvenirläden und -stände quellen über vor kunterbuntem Kitsch, vor billigen Andenken aus Muranoglas, Masken aus Massenproduktionen, vor T-Shirts, Taschen und Kühlschrankmagneten zu Abermillionen, um ein paar schnelle Euro von den vorbeiströmenden Touristen zu ergattern. Belebtes Treiben in den ungezählten Ristorantes und auf den Plätzen, ein nicht endendes Gewimmel auf den Kanälen, wo Gondeln mit Touristen wie Perlen an der Kette dahintreiben. Die Gäste aus aller Welt genießen dort ihren eigenen Augenblick der Seligkeit, eine Fahrt mit der Gondel, höchster Gipfel ihres venezianischen Traums. Was spielt es für eine Rolle, dass sie 100 Euro, 180 oder mehr dafür berappen müssen. Hat denn das Glück einen Preis?

Wir landen schließlich in einer abgelegenen kleinen Pizzeria, in der eine fröhliche Schar junger Männer zu lautstarkem Hip-Hop gewöhnungsbedürftige Delikatessen wie Pizza mit Pommes Frites serviert. Die ausgelassene Stimmung ist dabei so ansteckend, dass unsere Zweifel im Nu wie weggewischt sind, und wir entdecken eine ganz andere Seite von Venedig, jung, unkonventionell und gut gelaunt.

Im Laufe meines Lebens habe ich viele verschiedene Aspekte dieser Stadt kennengelernt. In den frühen Siebzigerjahren kam ich erstmals mit meinen Eltern hierher. Auch damals gab es bereits recht viele Besucher, doch natürlich war ihre Zahl nicht im Entferntesten mit der heutigen vergleichbar. Auf dem Markusplatz verkauften fliegende Händler Maiskörner, denn die Reisenden hatten als ihr Lieblingsmotiv die Tauben auserkoren, die sich zu jener Zeit dort tummelten – scheinbar waren es Millionen davon. Ein paar Maiskörner auf die Handfläche gegeben, schon war man rings umschwirrt und konnte einen quirligen Moment vor dem Markusdom fotografisch verewigen. Bei diesem Anblick würden später die Daheimgebliebenen bestimmt ganz blass vor Neid!

Doch irgendwann erkannte die Stadtverwaltung, dass es so nicht weitergehen konnte. Die Exkremente der unzähligen Vögel fügten Venedigs Baudenkmälern womöglich schwere Schäden zu! Deshalb bekämpfte man die Tiere durch Entzug der Futterquelle, und heute sind es tatsächlich nur noch wenige, die diesen Feldzug überdauert haben. Die fliegenden Futterhändler sind mit ihnen verschwunden, und nur vereinzelte illegale Einwanderer versuchen, ahnungslose Touristen mit ein bisschen Mais gegen einen Obolus in die Fotofalle zu locken. Denn natürlich ist das strengstens verboten, wehe dem, der sich erwischen lässt.

Schon in den Neunzigerjahren wichen die vielen Tauben mehr und mehr den Menschen, die in immer größer werdenden Massen in die Lagunenstadt einfielen. Um dem Trubel zu entgehen, wählte ich damals einmal die Abendstunden eines lauen Sommertages für eine Stippvisite. Unvergesslich sind mir die in goldenes Licht getauchten verwinkelten Gassen, über denen eine fast schon unheimliche Stille lag. Für die Rückfahrt wählte ich ein Wassertaxi, mit dem ich über den nächtlichen Canal Grande brauste. Erhaben blickten die stolzen Palazzi hinab auf das dunkle Wasser, in dem sich der Glanz der hell erleuchteten Fenster spiegelte. Einzelne Gondeln und Vaporetti – die öffentlichen Wasserbusse von Venedig – säumten den Weg der rasanten Fahrt, einer fast unwirklichen Reise durch ein verzaubertes Märchenland.

Um solch eindringliche Momente auch im hochfrequentierten Venedig unserer Tage noch genießen zu können, komme ich am liebsten im Winter hierher. An einem regnerischen Morgen kann es dann passieren, dass man sich sogar auf dem Markusplatz fast allein wiederfindet. Kein massiver Besucherandrang verhindert den Eintritt in den Dogenpalast, und zügig bringt mich der Fahrstuhl auf den Markusturm, von dem aus ich die weite, menschenleere Fläche des Platzes überblicke, das sich sanft wellende Wasser der Lagune bis hinüber zur Insel San Giorgio Maggiore, die Arkadengänge der Paläste und das rot-bunte Gefüge der Dächer der Stadt.

An einem anderen Morgen führt mich ein Spaziergang durch die Gassen, die noch im Dornröschenschlaf zu liegen scheinen. Erst allmählich öffnen die Läden ihre Pforten, stellen Kellner Tafeln mit Menü-Angeboten vor die Türen der Restaurants, dringen vereinzelte ostasiatische Reisegruppen auf die kleinen Plätze vor. Etwas weiter, in den Wohnstraßen abseits der Besucherwege, führen alte Frauen ihre Hunde Gassi, spielen kleine Jungs im Hinterhof Fußball, hängen bunte Bettlaken zum Trocknen quer über einem schmalen Kanal.

Jäh endet mein Weg unter einem Bogengang. Zwei glitschige Stufen führen hinab ins eisig-grüne Wasser, das träge an den Steinen leckt. Wer hier nicht achtgibt, verläuft sich schnell im Labyrinth der Gassen, und ehe man sich's versieht, steht man vor dem unüberwindbaren Nass. In Venedig herrscht das Wasser, alle Wege enden früher oder später unwillkürlich hier, und wer zu Fuß unterwegs ist, hat das Nachsehen. Was mag die Menschen einst dazu bewogen haben, sich ausgerechnet an diesem unwirtlichen Ort niederzulassen?

Bevor wir die Antwort auf diese Frage suchen und uns auf den Weg machen, um die Lagunenstadt gemeinsam zu entdecken, möchte ich Sie noch auf die zahlreichen Fotos aus Venedig hinweisen, die auf meiner Website www.almutirmscher.de die Eindrücke aus diesem Buch visuell begleiten.

Auf Sand gebaut – vom Aufstieg einer Flüchtlingskolonie

Die Stunde des mächtigen Imperium Romanum hatte geschlagen. Geschwächt durch innere Machtkämpfe, durch Pandemien und durch ausufernde Dekadenz siechte die Weltmacht vor sich hin. Und die Feinde des riesigen Reichs schliefen keineswegs. Ganz im Gegenteil, sie beobachteten mit Argusaugen die Grenzen und lagen dort ständig auf der Lauer. Überall keimten Unruhen auf.

Doch es sollte noch schlimmer kommen. Nordöstlich vom Römischen Reich, wo das germanische Volk der Goten lebte, war die Bevölkerungszahl in den letzten Jahrzehnten stark gestiegen. Es gab immer mehr hungrige Mäuler zu stopfen, aber die bestellbare Landfläche vergrößerte sich nicht. Dazu kam eine anhaltende Schlechtwetterphase, in mehreren aufeinanderfolgenden Jahren verfaulte das Getreide unter dem Dauerregen. Im Land der Goten erreichte die Nahrungsknappheit einen kritischen Punkt.

So kam es, dass sich immer öfter Rotten hungriger Gotenburschen zusammentaten und zu Raubzügen in Richtung Südwesten aufbrachen. Das wäre alles noch nicht so schlimm gewesen, denn die Männer zogen sich danach meist wieder in ihre Heimatregionen zurück. Doch mit einem Mal wurde aus dem fernen Osten weiterer Druck auf die Goten ausgeübt. Denn aus den weiten Steppen der Mongolei drangen kriegerische Hunnen wild entschlossen nach Westen vor. Sie befanden sich ihrerseits auf der Flucht vor den übermächtigen Chinesen. Das setzte eine Kettenreaktion allgemeiner Flucht in Gang, die wir heute als Völkerwanderung bezeichnen.

Einer der von diesem Schlamassel betroffenen Germanen war Alarich, der legendäre Anführer der Westgoten. Sein Stamm hatte auf der Flucht vor den Hunnen an der Donau im heutigen Rumänien Asyl gefunden. Hier arrangierten die Goten sich mit den herrschenden Römern. Für eine Weile stand der junge Alarich als Befehlshaber eines Söldnerheers in deren Diensten.

Just zu dieser Zeit, es war das Jahr 395, wurde das Römische Reich in eine östliche und eine westliche Hälfte aufgeteilt. An der Donau kam es zu einem Kompetenzgerangel, zu Machtstreitigkeiten, offenen Rivalitäten und schließlich zur Meuterei. Als im Zuge dessen der Sold nicht mehr ausgezahlt wurde, stellte sich Alarich mit seinen Männern gegen Rom.

War es ihm zunächst um nichts anderes als um eine gerechte Entlohnung für seine Leute gegangen, so sollte sich der Feldzug des Alarich zu einem fatalen Schlag für das ganze Imperium entwickeln. Schließlich plünderten und verwüsteten die Goten unter Alarich im August 410 sogar Rom selbst, ein schicksalhaftes Desaster, von dem sich die Hauptstadt nie mehr ganz erholen sollte.

Doch die Offensive des Alarich zog noch weitere Auswirkungen nach sich. Kampfentschlossen waren seine

Truppen auf die Hauptstadt zugezogen, und für die Landstriche, welche sie dabei durchquerten, blieb das nicht ohne Folgen. Denn der Zorn der Goten hatte sich im Lauf der Jahre, in denen sie erfolglos um Gerechtigkeit rangen, zu blanker Wut gesteigert. Entsprechend rücksichtslos agierten sie nun, wo immer sie in Erscheinung traten. Sie plünderten und brandschatzten, vergewaltigten und mordeten erbarmungslos. Wenn die Goten anrückten, hieß es: Rette sich, wer kann!

In der weiten, fruchtbaren Po-Ebene südlich der Alpen lebte das Volk der Veneter. Als die Goten auf ihrem Weg nach Süden ins Land einfielen, flohen viele Veneter in ihrer Verzweiflung hinaus aufs Meer. Hier mündete nördlich des Po-Deltas der kleine Fluss Brenta ins Adriatische Meer, und im Laufe vieler Jahrtausende war durch seine Ablagerungen in der Bucht eine ausgedehnte flache Lagune entstanden. Vereinzelte Inseln und Sandbänke ragten aus dem Wasser empor, dort siedelten schon seit Menschengedenken ein paar arme Fischerfamilien.

Dauerfeuchte Sümpfe beherrschten diese Gegend, und Myriaden von Mücken machten den Leuten das Leben zur Hölle. Denn die Mückenstiche waren nicht nur ausgesprochen lästig, sie trugen den Gepeinigten auch noch folgenschwere Malariainfektionen ein. Nur die äußerste Not konnte einen Menschen deshalb dazu zwingen, in dieser versumpften Lagune zu leben: quälende Armut – oder die Flucht vor den Goten.

Als der gotische Kelch schließlich vorbeigezogen war, verließen die meisten der Flüchtlinge den malariaverseuchten Sumpf und kehrten in ihre Dörfer zurück. Doch der Schrecken war keineswegs vorüber. Denn nach den Goten kamen die Hunnen, und hatten die Goten schon Angst und Schrecken verbreitet, so hausten die Hunnen erst recht wie die Berserker. Unter ihrem Führer Attila zogen sie 452 durch Norditalien in Richtung Rom und hinterließen dabei eine Spur der Verwüstung. Wer jetzt noch immer auf ruhigere Zeiten hoffte, den belehrten nur zwei Jahre später die Vandalen eines Besseren. Auch dieses ostgermanische Volk zog in Richtung Rom, um zu plündern. Und im darauffolgenden Jahrhundert waren es die Langobarden, die keine Ruhe gaben. Frieden, Schutz und Rechtsstaatlichkeit lagen in der Po-Ebene vorerst in weiter Ferne. So galt es für ihre Bewohner schließlich, abzuwägen. Wollte man in ständiger Todesangst leben, oder nahm man lieber die Mückenschwärme in der Lagune vor der Mündung des Flusses Brenta in Kauf?

Es gibt keinen Stichtag für die Gründung der Stadt Venedig, auch wenn gerne der 25. April 421, der Tag des heiligen Markus, dafür herangezogen wird. Fakt ist, dass im Laufe des 5. und 6. Jahrhunderts immer mehr Flüchtlinge in der Lagune siedelten. Die meisten waren Angehörige des Volks der Veneter, was der neuen Stadt zu ihrem Namen verhalf. Sie hausten zunächst auf den kleinen Inseln. Doch schnell litten sie dort unter den ständigen Überflutungen, außerdem an der zunehmenden Knappheit des Raums. Um dauerhaft hier wohnen zu können, musste eine praktikable Lösung her!

Da verfiel man auf einen Gedanken, der schon den Urahnen in grauer Vorzeit vertraut gewesen war. Zwischen dem fünften und dem ersten vorchristlichen Jahrtausend hatten die Menschen vielerorts in Europa, besonders aber im Alpenraum, ihre Behausungen auf Pfählen errichtet, die sie ins Wasser trieben. Denn das Wasser bietet hochwillkommenen Schutz vor menschlichen Angreifern und vor wilden Tieren.

Die Venezianer besorgten sich also die Stämme von Ulmen, Eichen, Erlen, Pappeln und Lärchen. Diese rammten sie in den Untergrund der Laguneninseln, um ihre Siedlungen zu stabilisieren und zu erweitern. Der Boden unter dem Wasserniveau bestand aus einem sandigen Schlamm, nicht gerade das ideale Fundament für eine aufstrebende Stadt. Doch die findigen Venezianer stellten schon sehr bald fest, dass sie die Stämme nur tief genug hineintreiben mussten. Denn unter der Schlammschicht stießen sie auf einen weitaus festeren Lehmboden.

Nun galt es, eine Bauweise zu entwickeln, die der Unbill dieser besonderen Lage dauerhaft zu trotzen vermochte. Das ständige Auf und Ab des Meeresspiegels, das die Gezeiten den Lagunenbewohnern bescherten, ließ den Wasserstand um 60 Zentimeter hin- und herschwanken. Bis schließlich in neuerer Zeit ein System zur Wasserregulation eingeführt werden würde, sollten noch viele Jahrhunderte vergehen. Auch immer neue Anschwemmungen durch die Brenta – deren Hauptausläufer noch heute als Canal Grande (nicht „Canale“, wie es oft fälschlich heißt) durch Venedig fließt – sowie andauernde Überschwemmungen und Unterspülungen machten das Bauen nicht gerade zu einem einfachen Unterfangen.

Deshalb erhielten die Gebäude auf ihrer rückwärtigen Seite zunächst Fundamente, die aus mehreren parallel zum Kanalverlauf errichteten Ziegelmauern bestehen. Diese Mauern sind 80 Zentimeter tief in den Untergrund hineingebaut. Entlang der Stützmauern führen die als „Fondamenta“ bezeichneten Straßen, die auf der Rückseite der Häuser dem Verlauf des auf der Vorderseite entlangfließenden Kanals folgen. Auch die anderen Straßen der Stadt sind übrigens nach einem strengen System sortiert und tragen ihre Namen keinesfalls zufällig. Nur wenige dienen als Hauptverbindungsstraßen, sie heißen „Ruga“ oder „Salizada“. Die engen Gassen heißen „Calle“, die Geschäftsstraßen „Mercerie“ oder „Marzarie“. Entlang der Seitenkanäle führen die „Rive“. Daneben gibt es noch die „Lista“, einen kurzen, privaten Weg an wichtigen Palästen, den „Rio terà“, einen verlandeten Kanal, den „Ramo“, eine kurze Verbindung, und den „Sotoportego“, der unter den Häusern hindurchführt. Große Plätze heißen „Campo“, weil dort früher die Pferde weideten und Gemüse angebaut wurde, bei kleinen Plätzen reicht es nur zum „Campiello“.

Mit der „Piazza“ ist der Markusplatz gemeint, und nur eine einzige Straße trägt den Namen „Strada“. Doch kehren wir zurück zum Hausbau.

Bevor das Gebäude nun in die Höhe wachsen konnte, wurden an der zum Kanal hin ausgerichteten zukünftigen Vorderseite kräftige Baumstämme bis in drei Meter Tiefe gerammt, immer im Abstand von einem halben Meter, wobei man die Zwischenräume mit Lehm befüllte. Die gesamte Grundbefestigung auf dieser Seite liegt unterhalb der Wasseroberfläche, denn so kann das Holz nicht faulen. Das Fundament ist daher äußerst solide und imstande, die Jahrhunderte zu überdauern.

Auf diesem Bollwerk wurden nun die Häuser errichtet, was ein komfortables und vor allem trockenes Leben in der Lagune ermöglichte. Um Gewicht zu sparen, entwickelten die Venezianer als Baumaterial hohle Tonziegel, denn die sind besonders leicht. So konnte man auch problemlos mehrere Stockwerke übereinandersetzen.

Die nächste Schwierigkeit musste nun im wahrsten Sinne des Wortes überbrückt werden. Denn es genügt ja nicht, im Trockenen zu wohnen, man möchte natürlich auch möglichst trockenen Fußes zu seinen Verwandten, Nachbarn, Freunden und Geschäftspartnern gelangen. Etwa 175 Kanäle mit einer Gesamtlänge von knapp 40 Kilometern durchziehen die Stadt. Zunächst begegnete man diesem Problem mit einfachen Holzbrücken, doch im Lauf der Jahrhunderte wurden sie durch stabile Steinkonstruktionen ersetzt. Davon gibt es heute stolze 398. Die meisten Brücken haben keine sonderlich große Spannweite. Damit man sie auch mit Pferd und Wagen überqueren konnte, wurden sie sehr flach angelegt. Der Hauptwasserweg Canal Grande blieb allerdings bis zum 13. Jahrhundert die meiste Zeit ein Hindernis, das ohne Boot nicht zu bewältigen war. Zwar gab es vermutlich schon früher zumindest zeitweise eine Pontonbrücke, doch erst dann entstand ein hölzerner Vorläufer der Rialtobrücke, deren Bau sich noch bis zum Ende des 16. Jahrhunderts hinauszögern sollte. Sie steht am höchsten Punkt der Innenstadt, dem sie ihren Namen verdankt. Denn „Riva alta" heißt nichts anderes als „hohes Ufer". Das angrenzende Stadtviertel „Rialto" ist dank seiner relativ hohen Inselchen vor Überschwemmungen besser geschützt als der Rest der Stadt. Deshalb entwickelte es sich ab dem 11. Jahrhundert zum bedeutendsten Handelsplatz der Stadt.

Nachdem nun die Frage, wie man in der nassen Lagune angenehm wohnen konnte, auf so clevere Art geklärt war, kristallisierten sich die Vorzüge der Lage immer deutlicher heraus. Sie bot Venedig nicht nur äußerst effektiven Schutz vor Angriffen vom Festland her. Über das Wasser – das Element der Venezianer – ließ sich dazu auch noch ganz vorzüglich Handel treiben.

Venedig war zunächst dem oströmischen Reich zugeschlagen worden, doch pochten die Venezianer schon bald vermehrt auf ihre Eigenständigkeit. Gleichzeitig nutzten sie aber unbeirrt die Vorteile, die ihnen die Protektion durch das mächtige Konstantinopel bot. Als die Herrschaftsverhältnisse im Mittelmeerraum in den folgenden Jahrhunderten immer wieder neu verhandelt wurden, verstanden sie es geschickt, die jeweilige Situation zu ihrem Vorteil zu nutzen und ihre Unabhängigkeit zu festigen. Sie sicherten sich ein Monopol auf den Salzhandel, die Grundlage ihres wachsenden Wohlstands.

Ihren Landsleuten in der venezianischen Handelsniederlassung im ägyptischen Alexandria gelang es 828, die Markusreliquien zu entwenden. Die kostbaren Knochen wurden flugs in die Heimat geschafft, wo Markus nun zum Schutzpatron der Stadt avancierte. Die Anwesenheit der Gebeine dieses wichtigen Evangelisten verhalf Venedig zu einem rasanten Aufstieg als spirituelles Zentrum.

Und schon bald entpuppte sich die ehemalige Flüchtlingskolonie als Großmacht im Mittelmeer. Venedig erlangte die Kontrolle über die Adria und die Handelswege in Richtung Südosten genauso wie über den Brennerpass als wichtigste Handelsroute nach Norden. Die Stadt stieg in der Folge zum größten Finanzzentrum Europas auf. Ihre Handelsflotte zählte schließlich stolze 3.900 Schiffe.

Mit 150.000 Einwohnern erblühte Venedig im 14. ahrhundert zur drittgrößten Metropole Europas. Seine Hoheitsansprüche sicherte neben zahlreichen Kolonien in der Adria, in der Ägäis und im Schwarzen Meer die mächtige venezianische Kriegsflotte. Das Holz für deren Schiffe wie auch für die Neubauten innerhalb der Stadt kam nun allerdings nicht mehr aus der direkten Umgebung auf dem Festland Venetiens. Diese war nämlich längst kahlgeschlagen, nun wich man auf die Wälder Dalmatiens aus.

Mit dem immer größeren Reichtum der Stadt und ihrer Bürger entstanden aus den vormals einfachen Häusern mehr und mehr prunkvolle Paläste. Das war jedoch nicht im Sinne des Erfinders, denn diese opulenten Bauwerke sind für das Fundament viel zu schwer. Man darf ja nicht vergessen, dass der Untergrund noch immer bloß aus Sand, Schlamm und Lehm besteht. Deshalb sinken die Bauten nun beständig Jahr für Jahr um einige Millimeter abwärts. Allein im vergangenen Jahrhundert summierte sich das zu beachtlichen 23 Zentimetern. Zahlreiche Erdgeschosse sind inzwischen schon durchfeuchtet oder gar überschwemmt.

Deshalb erhitzt spätestens seit dem letzten Jahrhundert eine dramatische Frage die Gemüter: Geht Venedig unter?

Pincia – ein venezianischer Brotpudding

Zutaten: *300 g fein gemahlene Polenta, 180 g Mehl, 100 g Butter, 100 g Zucker, 1 l Milch, 100 g Rosinen, je 50 g Orangeat und Zitronat, 100 g gehackte Walnüsse, 100 g getrocknete Feigen (gewürfelt), 1 Tl Fenchelsamen, 2 Äpfel, 4 cl Grappa, Salz, Butter zum Einfetten, Puderzucker zum Bestreuen*

Zubereitung: *Die Milch in einen Topf geben und sehr langsam erhitzen. Dabei unter Rühren mit dem Schneebesen zunächst die Polenta einrieseln lassen. 250 ml Wasser hinzugeben. Die Butter in Stücke schneiden, ebenfalls hinzugeben und schmelzen lassen. Auch den Zucker in den Brei einrühren. 1 Tl Salz hinzugeben und zuletzt das Mehl unterrühren. 5 Minuten lang unter ständigem Rühren weiter erhitzen, wobei die Masse heiß sein soll, aber nicht aufkochen darf. Anschließend vom Herd nehmen.*

Die Äpfel schälen, entkernen und dann grob reiben. Zusammen mit allen restlichen Zutaten unter den Brei mengen und gut verrühren.

Eine verschließbare Puddingform gut mit Butter einfetten und die Masse hineingeben. In einem großen Topf Wasser aufkochen und die Puddingform hineinstellen. Die Hitze soweit reduzieren, dass das Wasser nur noch leise köchelt und den Pudding 3 Stunden lang darin ziehen lassen.

Dann herausnehmen und den Pudding aus der Form auf eine Platte stürzen. Ganz abkühlen lassen, anschließend mit Puderzucker bestäuben und servieren.

Wenn das Wasser bis zum Halse steht – Mose und die Fluten

Schon seit Tagen hat es geregnet. Wintergrau und schwer hängen die Wolken über Venedig, träge treibt der Wind sie vom Meer her landeinwärts. Wieder einmal werde ich nicht umhinkommen, auf meinem Spaziergang einen Schirm mitzunehmen.

Gerade, als ich im Erdgeschoss des Palazzo ankomme, in dem ich ein Zimmer gemietet habe, ertönen Sirenen. Was hat das zu bedeuten? Feueralarm? Das Heulen der Sirenen scheint von allen Seiten zu kommen, stehen wir am Abgrund einer großen Katastrophe? Verstört blicke ich mich um.

Da entdecke ich Todaro, meinen Vermieter. Er ist gerade damit beschäftigt, das Erdgeschoss des Hauses zu renovieren, überall steht das Material herum, Zementsäcke, Schubkarren, Eimer und Leitern. Auch jetzt macht sich der ältere Herr unbeirrt in einer Ecke zu schaffen, wo er die Spalten zwischen den Marmorplatten verfugt. „Todaro, hörst du das nicht?", schreie ich gegen das Getöse der Sirenen an. „Alarm! Was bedeutet das?"

Irritiert schaut Todaro von seiner Arbeit auf. Dann schüttelt er sein weißes Haar, richtet sich auf und klopft den Staub von seinem Arbeitsoverall. „Ach, das kennst du ja nicht," sagt er scheinbar mehr zu sich selbst, doch dann sieht er mich an, setzt ein zuversichtliches Grinsen auf und hebt die Stimme. „Es ist mal wieder so weit. Acqua alta, Hochwasseralarm. Das haben wir im Winter hier regelmäßig. Kein Grund zur Sorge!" Wie zur Bestätigung seiner Worte sind die Sirenen inzwischen verstummt.

Kein Grund zur Sorge? Ich habe da meine Zweifel. Hier, im hoch gelegenen Rialto-Viertel, sind die Wege zwar noch trocken. Doch im Rest der Stadt plätschert das kalte Nass unaufhaltsam immer höher und schwappt langsam, aber sicher auf die Straßen und Plätze. Der Wasserwächter am historischen Messpunkt Punta Salute ist an solchen Tagen in ständiger Alarmbereitschaft. Sobald der Pegel die kritische Marke von 110 Zentimetern über dem Nullpunkt überschreitet, löst er die Sirenen aus. Denn dann ist es mal wieder so weit: Die Flut erobert Venedig.

Wer in Venedig lebt, der kennt das. Immer öfter ertönt der Acqua-alta-Alarm, selbst an die zwanzigmal im Jahr ist längst keine Ausnahme mehr. Dann steigen die Hartgesottenen in ihre Gummistiefel, und hölzerne Stege werden auf den überschwemmten Straßen ausgelegt. Die Erdgeschosse der Häuser laufen allmählich voll. Die meisten Hausbesitzer nehmen das mit stoischem Fatalismus hin. Das Wasser wird schon wieder ablaufen. Besorgte Neuvenezianer und Alteingesessene mit schwächerem Nervenkostüm werfen jetzt auch schon mal die Pumpen an und verschließen die Schotten an den Eingangstüren.

Die Überflutung ist Teil des Alltags in Venedig. Wann immer der Luftdruck sinkt, starke Regenfälle die Flut ansteigen lassen und dazu noch der aus Süden kommende Scirocco-Wind das Wasser der Adria landeinwärts drückt, heißt es in der Lagunenstadt „Land unter". Besonders oft passiert das im Herbst und im Winter. Dieses Naturereignis hat es schon immer gegeben, deshalb bringt es keinen Venezianer so leicht aus der Fassung.

Doch in den letzten Jahrzehnten ertönt der Acqua-alta-Alarm zunehmend häufiger. Das liegt zum einen an der Klimaerwärmung, die einen weltweiten Anstieg des Meeresspiegels bewirkt.

Ein zweiter Faktor ist die künstliche Erweiterung der Hafeneinfahrten von Venedig. Damit auch die immer größer werdenden Containerschiffe den Industriehafen ansteuern können, wurden die Fahrrinnen der Lagune auf bis zu 20 Meter vertieft und auf 900 Meter verbreitert. Im Zuge dessen hat man Teile der Lagune mit dem anfallenden Abraummaterial zugeschüttet. Auch die Zufahrt in die Stadt selbst wird bis in die Tiefe freigehalten, damit die gigantischen Kreuzfahrtschiffe am Markusplatz entlang bis zum Terminal fahren können.

Die Folge dieser Maßnahmen ist, dass in den tiefen Fahrrinnen eine stärkere Strömung entsteht, die Sand und Schlamm mit sich fort aus der Lagune reißt. Die stabilisierenden Wasserpflanzen im Untergrund sind längst der zunehmenden Wasserverschmutzung und der Raubfischerei zum Opfer gefallen, bei der riesige Fangkörbe über den Meeresboden geschleift werden. Dadurch verstärkt sich der erodierende Effekt des strömenden Wassers. So kommt es, dass die gesamte Lagune allmählich absinkt.

Der dritte Faktor für das vermehrt auftretende Hochwasser ist das schon erwähnte Absinken der venezianischen Gebäude selbst. Wir haben schon davon gehört, dass die Häuser für ihre Fundamentkonstruktionen einfach zu schwer geworden sind.

Verstärkt wird der Effekt des Sinkens durch die Industrie, die mit ihren Großbetrieben auf dem Festland am Ufer der Lagune angesiedelt ist. Hier wird aus dem Untergrund der Lagune Methangas gefördert. Die Fabriken haben außerdem einen enormen Bedarf an Süßwasser, und das pumpte man noch in den Sechzigerjahren kurzerhand aus dem Untergrund der Lagune ab.

Dadurch kam es zu einer geradezu dramatischen Beschleunigung des Absinkens der Stadt verbunden mit erschreckenden Hochwassern. Das verheerendste Hochwasser brach 1966 mit einer Pegelhöhe von knapp zwei Metern über Normalnull über Venedig herein. Gerade noch rechtzeitig erkannte man damals die Problematik und verhinderte eine baldige Katastrophe durch die Limitierung der heraufgepumpten Wassermenge. Trotzdem wird der Lagune weiterhin Methan entzogen, bis Ende des letzten Jahrtausends sogar zusätzlich auch das Grundwasser. Der Prozess ist nur verlangsamt worden.

Eine kleine, aber nicht völlig zu unterschätzende Rolle spielt letztendlich auch die Plattentektonik. Venedig befindet sich auf der verhältnismäßig kleinen Adriatischen Erdplatte, die im Zuge der nordwärts gerichteten Verschiebung der Afrikanischen Kontinentalplatte unter die Eurasische Platte gedrückt wird. Dieser extrem langsam verlaufende Prozess bewirkt in der Lagune von Venedig zwar nur ein Absenken der Adriatischen Platte von lediglich bis zu 0,6 Millimetern pro Jahr. Aber wie hießt es so schön? Viele Wenig machen ein Viel.

Was kann man tun, um Venedig zu retten? Nachdem die Gefahr in den Sechzigerjahren des letzten Jahrhunderts ins Bewusstsein der Venezianer drang, versanken sie selbst zunächst einmal in Schockstarre. Es dauerte wahrhaftig fast 30 Jahre, bis ein Ruck durch die Bevölkerung ging und sich mehr und mehr Gruppen zusammentaten, um eine Lösung des Problems zu erarbeiten. Heftig wurde diskutiert, die UNESCO trat auf den Plan und viele Gönner spendeten Unsummen zur Erhaltung der Lagunenstadt.

Dann, im Jahr 2001, zog die italienische Regierung einen Plan aus der Tasche. Nichts Geringeres als das gewaltigste und kostspieligste Sperrwerk aller Zeiten soll die Rettung für Venedig bringen, eine Flutschutzanlage der Superlative. Sie trägt den klangvollen Namen „Modulo Sperimentale Elettromeccanico“ – zu Deutsch heißt das „experimentelles elektromechanisches Modul“.

Die Abkürzung der Bezeichnung wischt mögliche Zweifel an diesem Experiment mit einem Handstreich hinweg, denn bei ihr klingt nichts anderes als ein Superlativ an: „Mose“. Wer, wenn nicht der biblische Flutenteiler, könnte Venedig vor dem Untergang bewahren?

Mose, das sind in diesem Fall stählerne Mauern mit fünf Meter dicken Seitenwänden. Sie sind zu insgesamt 79 Bollwerken montiert, jedes davon 30 Meter hoch und 20 Meter breit, verankert in Fundamenten aus Beton. Normalerweise liegen sie flach auf dem Meeresgrund verborgen. Doch bei drohender Gefahr wird Druckluft in sie hineingepumpt, sie richten sich im rechten Winkel auf und schirmen Venedig auf einer Gesamtlänge von knapp 1.600 Metern vor dem offenen Meer ab.

Was so fantastisch klingt, stößt allerdings nicht überall auf Gegenliebe. Vor allem in Venedig selbst wurden die kritischen Stimmen schnell immer lauter. Man bezweifelt die Wirksamkeit der Anlage und befürchtet nicht absehbare Folgen für die Umwelt.

In Venedig gibt es nämlich keine Kanalisation. Das heißt allerdings nicht, dass alles Brauchwasser mitsamt dem, was auch immer darin enthalten sein mag, wie in früheren Jahrhunderten einfach so in die Kanäle geschüttet wird. Jeder venezianische Haushalt hat inzwischen eine Grube, in der das Abwasser zusammenfließt. Diese Gruben werden regelmäßig leergepumpt, das Abwasser wird dann in großen Behältern auf Booten abtransportiert. Dennoch ist es unvermeidlich, dass Schmutzwasser von Gebäuden und Straßen in die Kanäle fließt. Dort trifft es auf die Abwässer der großen Industrieanlagen vom Festland und der zahllosen Schiffe, die in der Lagune verkehren. Bei geschlossenen Fluttoren stauen sich all diese Abwässer in der Lagune, ein Austausch mit dem Meerwasser findet bis zur erneuten Öffnung des Sperrwerks nicht mehr statt. Die Folgen für Flora und Fauna innerhalb der Lagune sind unabsehbar. Die Lagune ist ein wichtiger Lebensraum für viele Vogelarten, in Brüssel sah man sich deshalb schon mehrfach zur Abmahnung der italienischen Behörden gezwungen.

Die haben nämlich ungeachtet der Proteste den Bau von Mose vorangetrieben. Im März 2003 nahm der damalige Ministerpräsident Silvio Berlusconi den symbolträchtigen ersten Spatenstich höchstpersönlich vor.

Da konnte heftiger Streit natürlich nicht ausbleiben. Venedigs früherer Bürgermeister, ein entschiedener Gegner des Projekts, verweigerte den 30 beteiligten Bauunternehmen die kostenreduzierende Nutzung des Arsenals, der geschichtsträchtigen Schiffswerft und Flottenbasis im Osten der Stadt. Einwände aus Brüssel führten mehrfach zu vorübergehenden Baustopps, die wirtschaftliche Beteiligung Berlusconis an dem Mammutprojekt zog heftige Kontroversen in ganz Italien nach sich. Und natürlich blieb auch ein handfester Korruptionsskandal mit Vorwürfen von Geldwäsche, Erpressung und Veruntreuung im Zusammenhang mit Mose nicht aus. So verzögerte sich die Fertigstellung immer wieder.

Bis Mose im Jahr 2020 erstmals einen Testbetrieb aufnehmen konnte, waren gut und gerne sechs Milliarden

Euro in das Projekt geflossen. Ein Großteil dieser Summe wurde aus Italiens dauerklammem Staatshaushalt zusammengekratzt, anderthalb Milliarden steuerte die EU in Form eines Darlehens bei, den Rest gaben die Stadt Venedig, die UNESCO und private Stiftungen hinzu. Ab der Fertigstellung fallen jährlich weitere 100 Millionen Euro für die Betriebskosten an. Der Acqua-alta-Alarm wird dafür hoffentlich dauerhaft auf einen Platz in den Geschichtsbüchern verwiesen.

Doch wird Mose Venedig auch vor dem Untergang bewahren? Niemand weiß es, die UNESCO befürchtet sogar, die Maßnahme werde den Untergang nur um wenige Jahrzehnte hinauszögern können.

Todaro zuckt mit den Achseln und verdreht die Augen. „Chissa", meint er, „wer weiß". Dann fordert er mich auf, kurz zu warten, und verschwindet über ein paar Steinstufen in einem Nebenraum. Im nächsten Moment erscheint er wieder und hält strahlend ein Paar Gummistiefel in leuchtendem Pink in die Höhe. Sie sind aus flexiblem Material und lassen sich bequem über die eigenen Schuhe ziehen. Schnell noch den Schaft unterm Knie zusammengebunden, und schon steht einem Spaziergang mit trockenen Füßen auch im überschwemmten Venedig nichts mehr entgegen.

Wer hier lebt, entwickelt wohl zwangsläufig eine gewisse Gelassenheit.

Risotto con pollo – Reis mit Hühnchen

Zutaten für 4 Personen: *4 Hähnchenkeulen, 250 g Risottoreis, 1 l Gemüsebrühe, 200 ml Weißwein, 2 Möhren, 1 Stange Staudensellerie, 1 Zwiebel, 1 Knoblauchzehe, 60 ml Olivenöl, 30 g Butter, 80 g geriebener Parmesan, ½ Bd. Blattpetersilie, Paprikapulver, Salz, Pfeffer*

Zubereitung: *Die Hähnchenkeulen waschen, trocken tupfen und mit Salz, Pfeffer und Paprika würzen. Die Hälfte des Olivenöls in einer großen Pfanne erhitzen und die Hähnchenkeulen darin ringsum scharf anbraten. Mit dem Deckel verschließen und 10 Minuten lang bei mittlerer Hitze weiterbraten, nach der Hälfte der Zeit wenden. Zum Schluss aus der Pfanne nehmen, abkühlen lassen, dann das Fleisch von den Knochen befreien und in Stücke zupfen.*

Die Knoblauchzehe schälen und fein hacken. Die Zwiebel schälen, Sellerie und Möhren putzen und alles würfeln. Das restliche Olivenöl in einem großen Topf erhitzen und das Gemüse darin unter Rühren scharf anbraten. Wenn es zu bräunen beginnt, das Fleisch und den Reis hinzugeben und ebenfalls mit anbraten. Dann mit dem Weißwein ablöschen. Aufkochen und danach die Hitze reduzieren, bis das Risotto nur noch leise köchelt. Nun nach und nach unter ständigem Rühren über einen Zeitraum von 20 Minuten hinweg die Gemüsebrühe hinzugeben. Köcheln, bis der Reis „schlotzig" ist, aber innen noch bissfest. Nun die Butter und den Parmesan hinzugeben und gut verrühren. Den Herd ausschalten, den Deckel auflegen und das Risotto 3-4 Minuten lang ziehen lassen. In der Zwischenzeit die Blättchen der Petersilie abzupfen und hacken. Dann das Risotto noch einmal gut durchrühren, auf Tellern anrichten, mit etwas Petersilie bestreuen und servieren.

Eine Banane aus Holz – die Gondel

Mein Vermieter Todaro geht einem ganz besonderen Handwerk nach. Sein Beruf ist auf der Welt genauso selten, wie er für die Lagunenstadt charakteristisch ist. Denn ohne Männer wie Todaro wäre Venedig nicht das, was es ist. Todaro ist Gondelbauer. Heute darf ich seine Werkstatt besuchen und ihm bei der Arbeit ein wenig über die Schulter schauen.

Die Werft liegt ein Stück von seinem Haus entfernt im Sestiere Dorsoduro. „Sestiere", so heißen die sechs Stadtteile des historischen Zentrums von Venedig. Dorsoduro ist der südlichste davon, dazu gehören auch die noch weiter südlich vorgelagerten Inseln der Giudecca.

Jedes Sestiere ist wiederum in einzelne Pfarreien unterteilt, zu denen jeweils eine zentrale Kirche gehört. Im Sestiere Dorsoduro ist die markanteste davon die fotogene Barockkirche Santa Maria della Salute, die direkt am Canal Grande liegt. Doch Todaros Werft befindet sich im Kirchspiel von San Trovaso. Die Besonderheit dieser Kirche ist, dass sie zwei Frontfassaden hat, eine an der Seite, die dem Campo gleichen Namens zugewandt ist, und eine fast identische zweite, die auf den ebenfalls gleichnamigen Kanal hinausgeht. Diese Kuriosität soll einen nicht minder kuriosen Hintergrund haben: Hier im Viertel wohnten dereinst zwei miteinander bis aufs Blut verfeindete Familien. Es sollte ihnen ermöglicht werden, in angemessener Würde die Kirche zu besuchen, ohne einander dabei am Portal über den Weg zu laufen.

Solche Misslichkeiten muss nicht befürchten, wer die hölzernen Baracken der Gondelwerft am Rio San Trovaso besucht. Sie ist eine der wenigen Spezialmanufakturen in Venedig, die noch heute der hohen Kunst des Gondelbaus nachgehen. Und sie gehört keineswegs Todaro, sondern einem Zusammenschluss mehrerer Handwerker, die sich auf das seltene Fachgebiet spezialisiert haben.

Todaro hat eine Miene würdevollen Ernstes aufgesetzt, als er einen großen altmodischen Schlüsselbund aus der Tasche zieht und einen langen Messingschlüssel in das von einer uralten Patina überzogene Schloss steckt. Die verwitterte Holztür lässt ein widerwilliges Knarzen verlauten, als er sie aufzieht. Sie gibt das Innere des Schuppens frei, und alles scheint hier ein einziges Tohuwabohu aus Holz zu sein: die Schemel und Böcke, die Stangen, die an den Brettern der Wände lehnen, die über und über mit Spänen bedeckten Dielen des Bodens, die Stapel von Latten in den Ecken des Raumes. Doch das kalte Licht der Neonröhren lässt dazwischen auch die Werkzeuge erkennen, Hämmer in verschiedenen Größen hängen an den Wänden, ein Schleifgerät liegt auf einem Holzbock, als habe es der Meister gerade erst aus der Hand gelegt.

Und da ist das Wichtigste: Mitten im Raum aufgebockt liegt die Gondel, die Todaro in Arbeit hat. Sie ist noch im Rohzustand, und ein wenig enttäuscht betrachte ich das schäbig wirkende Holz ihres Korpus, der noch rein gar nichts von der späteren Eleganz und Schönheit an sich hat. Der Bug weist zwar schon aufwärts, doch noch klammern sich die Hölzer scheinbar planlos daran fest. Fast wirkt es, als wüsste der Baumeister nicht so recht, wie es weitergehen sollte. Im Inneren der Gondel liegen die Rippen blank, darüber sind leicht gebogene Bretter wie achtlos abgelegt. Auf ihnen ruht eine Säge, und deren gebleckte Zähne blitzen uns an, als wollten sie Todaro ermahnen, seine Arbeit endlich fortzuführen.

Doch der hat anderes im Sinn. Er führt mich durch den hinteren Ausgang hinaus auf den Hof, wo eine Gondel auf der Seite liegt. Diese bietet schon einen ganz anderen Anblick. Sie ist schwarz lackiert, und ihren Bug ziert der typische Metallbeschlag. Ich weiß, dass dieser Beschlag „ferro di prua" genannt wird. Und ich weiß auch, dass er ganz schön schwer ist. Er dient nämlich als Gegengewicht zum Gondoliere, der auf der Heckseite der Gondel steht, und gäbe es den Ferro nicht, so könnte die Gondel wie eine Wippe nach hinten kippen und der gute Mann würde ins Wasser plumpsen.

Der obere Teil des Ferro symbolisiert die Mütze der Dogen, der venezianischen Staatsoberhäupter vergangener Zeiten. Die sechs darunterliegenden, nach vorne weisenden Zacken stehen für die sechs Sestieri der Stadt. Ein weiterer Zacken weist nach hinten, er vertritt die große Inselgruppe

Giudecca im Süden von Venedig, die aber streng genommen zum Sestiere Dorsoduro gehört. Viel mehr, das gestehe ich Todaro frei heraus, weiß ich allerdings nicht.

Er streicht liebevoll über die Seitenwand der Gondel, lächelt wissend und hebt dann an, meine Bildungslücke zu schließen.

Die besonderen Bedingungen in der Lagune von Venedig erfordern einen dafür geeigneten Schiffstyp. Das Wasser ist meist sehr flach, ein Kiel würde deshalb ein äußerst unpraktisches Handicap darstellen. Das Boot muss also so flach wie möglich sein. Andererseits soll es aber auch noch durch die schmalsten Kanäle hindurchpassen. Günstig ist deshalb eine möglichst schlanke Form. Dann passt natürlich nicht mehr allzu viel hinein. Damit mehrere Personen oder Gegenstände transportiert werden können, zieht man das Ganze eben einfach in die Länge. Aus diesem Grund sind Gondeln bis zu elf Meter lang.

Solch ein Gefährt ist aber gar nicht so einfach zu manövrieren. Für weit ausholende Ruder ist in den Kanälen kein Platz. Dafür kann man aber an Engpässen außer durch Rudern auch durch Abstoßen mit dem Riemen – dem „remo“ – vorwärtskommen, denn die Lagune ist ja nicht besonders tief. Damit ihm das gelingt und um außerdem seine ganze Kraft beim Rudern einsetzen zu können, muss der Gondoliere stehen. Nun kommt der Ferro am Bug ins Spiel, der dafür sorgt, dass der Bootslenker nicht gleich wieder hinfällt. Und weil ein guter Gondoliere ein sportlicher Typ ist, kommt er unter Venedigs niedrigen Brücken ganz gewandt hindurch. Da bückt oder setzt er sich nämlich einfach.

Doch schon ergibt sich das nächste Problem. Es ist ja nicht viel Platz vorhanden, deshalb ist der Riemen nur an einer Seite der Gondel angebracht. Ein zweiter Riemen auf der anderen Seite würde außerdem das Manövrieren im Stehen wohl zu einem recht chaotischen Herumrudern machen. Doch was passiert, wenn man nur einen Riemen auf einer Seite des Bootes hat? Man fährt im Kreis herum.

Um das zu verhindern, gibt es einen cleveren Trick: Die Gondel ist krumm wie eine Banane. Ihre Steuerbordseite ist 24 Zentimeter kürzer und etwas höher als die Backbordseite. So kann ein auf der linken Seite stehender und rechts rudernder Gondoliere sie problemlos ganz allein durch Venedigs Kanäle lenken.

Das jedoch, fährt Todaro fort, ist keineswegs immer so gewesen. Tatsächlich gibt es diese moderne Technik erst seit dem Ende des 19. Jahrhunderts. Erst da kam endlich ein Gondelbauer auf die zündende Idee und revolutionierte das Verkehrswesen der Lagunenstadt damit auf sensationelle Art. Denn zuvor mussten tatsächlich immer zwei Gondoliere eine Gondel lenken, einer stand vorne, der andere hinten. Nur ausgesprochen geschickte Fahrer schafften es, ihre Gondel allein durch die Kanäle zu steuern.

Überhaupt hat sich die Gondel im Lauf der Jahrhunderte vielfach verändert, bis sie sich zu dem eleganten schwarzen Kahn mauserte, den wir heute kennen. Dabei existierten auch verschiedene Gondel-Typen parallel zueinander, und je reicher die Venezianer wurden, desto prunkvoller gestalteten sie ihre Boote. Es gab sie in allen möglichen Farben und Ausstattungen. Für den Personentransport vorgesehene Gondeln besaßen meist eine Bedachung, unter der die feinen Herrschaften Platz nehmen konnten. Auf bequemen Sesseln ließen sie dann in ihrem Luxusgefährt durch Venedig gondeln und demonstrierten dabei jedermann, was sie sich leisten konnten. Das uferte so weit aus, dass dem Dogen im Jahr 1562 der Kragen platzte. Er erließ unter kräftigem Beifall des Klerus ein „Aufwandgesetz“, welches Aussehen und Ausstattung der Gondeln fortan verbindlich vorschrieb. Der wesentlichste Punkt bestand in der Festlegung der Farbe: Die 10.000 Gondeln, die damals in Venedig herumfuhren, mussten von nun an alle schwarz sein. Nur zu hohen Festtagen waren Ausnahmen gestattet.

Doch sollte ich nun denken, die Gondel sei ein einfaches schwarzes Boot, etwas gekrümmt und mit einem Metallbeschlag am Vorderteil, so irre ich mich gewaltig. Um mir das zu demonstrieren, führt mich Todaro wieder in die Werkstatt und erklärt mir den Aufbau des Gondelgerippes, das er dort aufgebockt hat. Neun verschiedene Hölzer kommen bei dessen Fertigstellung zum Einsatz. Kein Wunder, dass es hier so verwirrend aussieht! Jedes Teil der Gondel wird aus einem anderen Holz hergestellt, zum

Beispiel Eiche für die Rippen und die Außenwände oder Buche für die Fläche unter der Riemengabel am Heck. Der Riemen selbst ist aus tropischem Raminholz, die Verzierung am Bug aus Kirschbaum. Die Rudergabel – „forcola" genannt – ist das Herzstück der Gondel. Sie besteht aus Nussbaum und hat ein kompliziert ausgetüfteltes System von Ausbuchtungen, die verschiedenste Ruderbewegungen möglich machen.

Ganze 280 Einzelteile muss Todaro zusammensetzen, um den Rumpf seiner Gondel anzufertigen. Damit ist er gut und gerne zwei bis drei Monate lang beschäftigt. Kein Wunder, dass das fertige Produkt je nach Ausstattung mindestens 25.000 Euro kostet. Soll das Prachtstück etwa noch besonders aufwendige Beschläge, kunstvolle Schnitzereien, vergoldete Schmuckelemente und kostbare Polster bekommen, so steigt dieser Betrag auch schnell ins Uferlose. Wer kann sich das denn leisten?

Todaro nickt betrübt. Ja, das ist ein Problem. Obwohl so viele Touristen nach Venedig kommen, gibt es heute nur noch rund 500 Gondeln in der Stadt. Er und seine Kollegen werden deshalb auch nicht gerade mit Aufträgen überschüttet. Meist schlagen sie sich mit Reparaturarbeiten durch, wie bei der Gondel, die hinten im Hof auf der Seite liegt. Sie ist zur Generalüberholung in der Werft. Durch das Liegen im Wasser wird die Gondel nämlich im Lauf der Jahre allmählich gerade, spätestens dann wird es allerhöchste Zeit, die Werkstatt aufzusuchen.

Außerdem muss der Spezialanstrich alle zwei Jahre erneuert werden.

Doch den Auftrag, eine ganz neue Gondel zu konstruieren, bekommt Todaro nur noch höchstens einmal im Jahr. Einer seiner Kollegen ist aus der Not heraus dazu übergegangen, mit der Fertigung aus billigem Sperrholz zu experimentieren. Doch davon hält Todaro nichts. Selbst eine traditionell gefertigte Gondel übersteht den Einsatz im aggressiven Salzwasser nicht länger als 30 Jahre. Wie lange soll denn da ein Boot aus minderwertigem Material durchhalten?

Er lacht spöttisch auf. Denn es kommt sogar noch schlimmer. „Stell dir vor", sagt er, „unten in Apulien hat sich eine Werft tatsächlich zu etwas Aberwitzigem erdreistet! Sie machen Gondeln aus – Plastik!" Er spuckt dieses Wort aus, als sei es eine giftige Kröte.

Todaro ist beileibe nicht der Einzige, der diese Abscheu empfindet. Traditionalisten laufen Sturm gegen die Plastikboote, der Bürgermeister macht sich für ein Holz-Gebot stark.

Auch bei der Innung der Gondoliere, die Lizenzvergabe und Bootsverkehr peinlich genau überwacht, konnten die Süditaliener keinen Blumentopf gewinnen. Das Angebot der apulischen Werft wurde rundheraus abgelehnt. „Die einzigen Plastikgondeln, die in Venedig erlaubt sind", betont Todaro mit Nachdruck, bevor er sich an die Arbeit macht, „stehen als Mitbringsel an den Souvenirständen."

Gondelfans können also aufatmen. Für sie gibt es als besonderes Schmankerl die große Gondelregatta, die alljährlich am 7. September auf dem Canal Grande stattfindet. Im Museo Storico Navale können historische Gondeln besichtigt werden. Und wer die Kosten für eine zugegebenermaßen nicht ganz billige Gondelfahrt scheut, der kann sich an den Traghetti-Stationen am Canal Grande mit einer Gondel für kleines Geld ans andere Ufer übersetzen lassen. So kommt man wenigstens für kurze Zeit in den Genuss des Gondel-Feelings.

Triglie alla griglia – Gegrillte Meeräschen

Zutaten für vier Personen: *4 Meeräschen (mit Haut, küchenfertig), 1 unbehandelte Zitrone, 100 ml Olivenöl, 4 Knoblauchzehen, grobes Meersalz, Pfeffer*

Zubereitung: *Die Zitrone waschen, den äußersten gelben Anteil der Schale abreiben und die Zitrone danach auspressen. Die Knoblauchzehen schälen und fein hacken. Anschließend zusammen mit Saft und Schalenabrieb der Zitrone, 2 Tl Meersalz und 1 Tl Pfeffer mit dem Olivenöl gut vermischen. Die Meeräschen waschen, trockentupfen und danach innen und außen mit der Ölmischung einpinseln. Den Grill gut heizen und die Fische von beiden Seiten je 3-4 Minuten auf dem Rost grillen. Sie sind bereit zum Wenden, wenn sie sich leicht vom Rost lösen.*

Die fertigen Meeräschen auf Teller legen und mit der verbliebenen Ölmischung beträufeln.

Dazu passen Polenta und grüner Salat.

Vom Glücksboten zur Flugratte – die Tauben von Venedig

„What the f…!“, entfährt es der amerikanischen Touristin entrüstet. Blanke Empörung steht der gut gekleideten Frau mittleren Alters ins Gesicht geschrieben. Vor ihr haben sich zwei Streifenpolizisten aufgebaut, deren Mimik und Gestik grimmige Entschlossenheit verraten. Da helfen kein Zetern und kein Argumentieren. Es nutzt auch nichts, als der kräftig gebaute Begleiter der Frau, vor dessen Brust ein teurer Fotoapparat baumelt, sich imposant neben ihr aufbaut und seinerseits einen respekteinflößenden John-Wayne-Blick aufsetzt. Die hiesige Ordnungsgewalt liegt bei den beiden Polizisten, das machen sie unmissverständlich klar. Selbst als die Amerikanerin sich schließlich aufs Bitten und Betteln verlegt, bleiben sie hart.

Schließlich öffnet die Frau resigniert ihre große Umhängetasche und kramt das Portemonnaie hervor. Mehrere Scheine wechseln die Besitzer. Erst danach lassen die beiden Gesetzeshüter die weit gereisten Urlauber wieder ziehen, nicht ohne ihnen mit etwas freundlicherem Gesichtsausdruck noch eine Ermahnung mit auf den Weg zu geben. Aber die ist jetzt wohl gar nicht mehr nötig.

Die Dame war der Versuchung erlegen, einem fliegenden Händler eine Handvoll Maiskörner abzukaufen. Dafür hat sie nur einen Euro bezahlen müssen, doch der Spaß kam sie teuer zu stehen. Ganze 500 Euro haben die

Beamten eingestrichen, bevor sie die Touristin wieder aus ihren Fängen ließen. Denn die Frau hat die Tauben auf dem Markusplatz gefüttert, während ihr Mann sie dabei fotografierte. Die klassische Venedig-Szenerie, schon zigmillionenfach, ja, vermutlich sogar milliardenfach verewigt in den Fotoalben dieser Welt. Die beiden haben sich bei der Sache nichts Böses gedacht, und wieso auch? Schließlich machen das doch alle, oder?

Hätten die zwei doch besser in einen aktuellen Reiseführer investiert! Das wäre deutlich günstiger gewesen als dieses teure Foto, das sie nun von ihrem Besuch in Venedig mit zurück in die USA nehmen werden. Und die Erinnerung an die unangenehme Begegnung wird ihnen gewiss die Freude daran verhageln. Ich beobachte die beiden, wie sie aufgeregt miteinander diskutierend langsam in Richtung des Torre dell'Orologio gehen, des Uhrturms an der Nordseite des Markusplatzes, und schließlich unter dessen Torbogen hindurch auf die angrenzende Merceria entschwinden. Der Ärger der Reisenden ist umso mehr nachvollziehbar, wenn man die Geschichte der Tauben auf dem Markusplatz kennt. Denn das sind nicht einfach irgendwelche „fliegenden Ratten". Tatsächlich muss man ein bisschen weiter ausholen, um zu erklären, warum die Tauben auf dem Markusplatz so eine große Bedeutung haben.

Als gegen Ende des 11. Jahrhunderts die ersten christlichen Krieger aus dem Abendland aufbrachen, um mit ihren Kreuzzügen den muslimischen Orient zu überfallen und das Heilige Land von den Moslems zu erobern, da lag Venedig auf ihrer Reiseroute. In der christlich geprägten Stadt erkannte man den strategischen Vorteil, der sich aus einer Schwächung der morgenländischen Machthaber ergeben konnte, und unterstützte die Kreuzfahrer deshalb großzügig. Insbesondere mit den Byzantinern in Konstantinopel lagen die Venezianer inzwischen in heftigem Clinch. Bereits ab Ende des 10. Jahrhunderts hatte Venedig sich aus der Herrschaft des Byzantinischen Reichs freigestrampelt. Wütend entschlossen versuchten die Byzantiner deshalb, den aufstrebenden Venezianern ihre wachsenden Handelsgründe abzugraben. Ständig gab es Streit und wechselnde Handelsbündnisse.

Schließlich spitzte sich der Konflikt zu, als in der Stadt Konstantinopel zunehmend gegen die „Lateiner" aus Venedig polemisiert wurde. Das uferte in „Lateinerprogromen" aus, tausende in Konstantinopel lebende Venezianer wurden entrechtet, enteignet und eingekerkert. Der einflussreiche venezianische Kaufmann Enrico Dandolo, eigens zu Friedensverhandlungen aus Venedig angereist, wurde von den byzantinischen Kontrahenten gnadenlos geblendet. So wollen es zumindest die Geschichten wissen, die in Venedig seit jener Zeit erzählt werden. Beweise für die Untat gibt es nicht. Fest steht aber, dass die Missstimmung zwischen Byzanz und Venedig nun endgültig ihren Höhepunkt erreicht hatte. Und dass Enrico Dandolo ziemlich indigniert war.

Etliche Jahre später wählten die Venezianer ihn zu ihrem Dogen. Der Mann war inzwischen stolze 85 Jahre alt, er sollte das für die damalige Zeit wahrhaft biblische Alter von 97 Jahren erreichen. Die ihm verbleibenden Jahre als Machthaber nutzte er, um zu dem vielleicht berühmtesten Dogen der Lagunenstadt aufzusteigen. Über Jahrhunderte hinweg wurde er als patriotischer Held und Großmeister der Kriegsstrategie verehrt. Dabei übersah man geflissentlich, dass er bei seinem großen Feldzug im Grunde bloß von niederen Rachegelüsten getrieben worden war.

Enrico Dandolo erhob sich nämlich zum Anführer des Vierten Kreuzzugs. Dabei ließ er die Streitmacht der Venezianer mit Unterstützung der Kreuzfahrer zunächst die aufständische Stadt Zadar an der dalmatischen Küste züchtigen, um das Heer dann nach Konstantinopel weiterzudirigieren, wo er noch eine Rechnung offen hatte. Dort gab es gerade erhebliche Thronstreitigkeiten, Vorwand genug für Dandolo, selbst einzugreifen und eine Entscheidung herbeizuführen.

Eigentlich lag diese Einmischung gar nicht in seinem Kompetenzbereich, Konstantinopel war zu jener Zeit byzantinisch-orthodox, also christlich. Der Papst, der insgeheim auf einen Zusammenschluss der katholischen und der orthodoxen Kirchen hoffte, exkommunizierte die Kreuzfahrer sogar, doch diese ließen sich davon nicht beirren und machten weiter gemeinsame Sache mit den Venezianern.

Die Absicht Dandolos war es, den ihm wohlgesonnenen Alexios IV. auf den Thron von Konstantinopel zu hieven. Davon versprach er sich eine künftige Sicherung der Vorherrschaft Venedigs im östlichen Mittelmeerraum. Dank der Unterstützung durch die kampferprobten Kreuzfahrer wurde dieser Plan von Erfolg gekrönt. Am 13. April 1204 stürmten Venezianer und Kreuzfahrer in der entscheidenden Schlacht gemeinsam Konstantinopel vom Goldenen Horn herkommend. Sie plünderten die Stadt drei Tage lang, sie brannten Bibliotheken nieder, zerschlugen Monumente, raubten Kunstwerke und Reliquien und töteten unzählige Einwohner. Als sie im muslimischen Händlerviertel von Konstantinopel eine Moschee entdeckten, zündeten sie diese an und lösten damit einen Flächenbrand aus, der einen ganzen Stadtteil vernichtete. Konstantinopel war gefallen. Die Stadt sollte nie wieder zu ihrer alten Blüte aufsteigen.

Nun wollte der siegreiche Dandolo seine Landsleute in der Heimatstadt schnellstmöglich von diesem Triumph in Kenntnis setzen. In Zeiten vor Twitter und WhatsApp gab es nur eine Methode der möglichst raschen Nachrichtenübermittlung: eine Brieftaube!

Angeblich soll Dandolos Täubchen tatsächlich die 1.450 Kilometer zwischen Konstantinopel und Venedig unbeschadet überstanden und den Venezianern die freudige Botschaft überbracht haben. Der dadurch ausgelöste Jubel über den Sturz Konstantinopels war phänomenal.

Seit jener Zeit verehrt man in Venedig Tauben über alle Maßen. Fortan wurden im Rahmen der zum Markusplatz führenden Palmsonntagsprozession ganze Schwärme von Tauben mitgenommen, die dann zu Füßen des amtierenden Dogen ihm zu Ehren in die Lüfte entlassen wurden. Man vermutet, dass ein Gutteil der heute in der Lagunenstadt lebenden Tauben von diesen Prozessionstauben abstammt.

Nun kann man nachvollziehen, dass die Tauben in Venedig eine herausragende Rolle innehaben und den Venezianern ans Herz gewachsen sind. Bis zum Jahr 1912 wurden die Stadttauben sogar noch von offizieller Seite gefüttert. Erst dann stellten die Behörden die städtischen Fütterungsmaßnahmen ein.

Stattdessen erhielten nun fliegende Händler Lizenzen zum Verkauf von Futterkörnern auf dem Markusplatz. Diese Lizenzen waren hoch begehrt und konnten innerhalb der Familie weitervererbt werden. Ganze Generationen von Venedigreisenden ließen sich vom flatternden Getümmel auf dem Markusplatz bezaubern, vom allgegenwärtigen Lufthauch der Flügelschläge, von der Zutraulichkeit der hungrigen Vögel, die sich unbeirrt auf ausgestreckten Armen niederließen und die kühnsten Erwartungen der bereitstehenden Fotografen anstandslos erfüllten.

Doch damit war im Mai 2008 endgültig Schluss. Zu diesem Zeitpunkt bevölkerten geschätzte 100.000 Tauben die Stadt und produzierten dabei Tag für Tag rund vier

Tonnen Kot. Dieser verschandelte nicht nur Palazzi, Denkmäler, Kirchen und Plätze, er verursachte auch alljährlich Straßenreinigungskosten in Höhe von sechs Millionen Euro. Der Bürgermeister hatte die Nase voll. Er erließ ein generelles Taubenfütterungsverbot und zog die Lizenzen der Futterverkäufer rigoros ein. Mehr noch, der beliebte Brauch, frisch vermählte Eheleute vor dem Kirchenprotal mit einem Regen aus Reiskörnern zu begrüßen, wurde bei Strafe verboten. Denn Tauben mögen auch Reis.

Den Protesten von Vogelfreunden begegnete die Stadt mit zahlreichen Argumenten. Die Verschmutzung sei auch ein gravierendes hygienisches Problem, so hieß es. Damit würden die „Flugratten" nämlich Krankheiten übertragen. Und nicht nur das, hatte man nicht häufig Tauben beim Picken an historischen Fassaden beobachtet? Womöglich pickten sie auch an den Marmorplatten herum, mit denen im 18. Jahrhundert ein markantes Muster in den grauen Trachyt des Markusplatzes gelegt wurde. Und damit würden sie dann womöglich irreparable Schäden anrichten.

An der Seite der entrüsteten Vogelfreunde standen die 18 Futterhändler, die sich unversehens ihrer Existenzgrundlage beraubt sahen. Die Sache ging bis vors Gericht, und schließlich mussten sich die Betroffenen mit einer Entschädigung von je 80.000 Euro zufriedengeben.

Das drastische Fütterungsverbot zeigte erstaunlich schnell Wirkung. Nur noch etwa 10.000 Tauben leben jetzt in Venedig, ein Zehntel der ursprünglichen Zahl. Und nur noch etwa 1.000 davon halten sich im Umfeld des Markusplatzes auf. Die Ursache ist schnell erklärt. Stadttauben sind nämlich keine Wildtiere im eigentlichen Sinne. Sie stammen von domestizierten Vögeln ab, von Brieftauben und den gezüchteten Artgenossen, die wie in Venedig bei Prozessionen und anderen Veranstaltungen freigelassen wurden. Ohne Fütterung durch den Menschen sind diese Tiere nicht überlebensfähig. Da eine ausgewachsene Taube täglich 40 Gramm Futter benötigt, herrscht bei ausbleibender Versorgung schnell ein gravierender Nahrungsmangel. Die Tiere verhungern.

Inzwischen gibt es wissenschaftliche Studien, die den Nachweis erbracht haben, dass Taubenkot die Oberflächenstrukturen von Stein und Beton gar nicht schädigt. In der Luft enthaltene Verschmutzungspartikel wirken hier mit weitaus größerer Zerstörungskraft. Auch das Argument, die Tauben würden Krankheitskeime übertragen, ist längst entkräftet. Die Erreger sind tierartspezifisch und übertragen sich für gewöhnlich nicht auf den Menschen. Im deutschen Bundesseuchengesetz ist die Taube deshalb schon seit 1986 nicht mehr als „Schädling" aufgeführt.

Ohne Zweifel stellt aber der von den Tauben hinterlassene Kot eine äußerst lästige und unschöne Angelegenheit dar. Andere Städte sind deshalb dazu übergegangen, Taubenschläge einzurichten, in deren Umfeld die Vögel durch regelmäßige Fütterung ansässig gemacht werden. Durch diese Umsiedlung werden die Plätze von Tauben befreit, an denen der Kot Probleme verursacht. Im Bereich um die Taubenschläge herum werden die Fäkalien dann regelmäßig entfernt. Hier kann außerdem die Vermehrung der Trauben kontrolliert werden, indem man ihre Eier durch Gipseier austauscht.

Nicht gefütterte Tauben hingegen sind ständig unterwegs, um im Abfall auf den Straßen nach Nahrung zu suchen. Die Not veranlasst die ausgemergelten Tiere dazu, häufiger zu brüten, als sie es unter normalen Umständen täten. Das setzt einen qualvollen Kreislauf des Hungerelends in Gang. Und man darf nicht vergessen, dass der Ursprung des Leidenswegs der Tauben beim Menschen zu suchen ist.

Die Zahl der Wahrzeichenvögel von Venedig zu verringern, ist also eine zweischneidige Angelegenheit. Mögen Stadtverwaltung und Hausbesitzer sich über die spürbar reduzierte Kotmenge freuen, so stehen auf der anderen Seite die verhungernden Tiere, die ihrer Existenz beraubten Futterhändler sowie die Touristen, denen eines ihrer beliebtesten Fotomotive abhandengekommen ist.

Und eine amerikanische Urlauberin, deren Reisebudget um 500 Euro erleichtert wurde. Sie hatte wirklich Pech, denn noch belassen es die Ordnungshüter in der Mehrzahl der Fälle bei einer freundlichen Ermahnung. Die Taubenfutterspione mischen sich aber meist inkognito in Straßenkleidung unter die Touristen. Tierfreunde sollten also auf der Hut sein.

Peperonata con polenta – Paprikagemüse mit Polenta

Zutaten für 4 Personen: *1 kg Paprika (gelbe und rote gemischt), 1 kg Tomaten, 3 Zwiebeln, 1 rote Chilischote, 1 Knoblauchzehe, 500 ml Gemüsebrühe, 150 g Polenta (fein), 2 Tl brauner Zucker, ½ Bd. Basilikum, 30 g Butter, Olivenöl, Salz, Pfeffer*

Zubereitung: *Die Knoblauchzehe schälen und sehr fein hacken. In einem Topf die Gemüsebrühe aufkochen, mit etwas Salz und Pfeffer würzen. Die Hitze reduzieren und unter ständigem Rühren die Polenta einrieseln lassen. 4 Minuten lang bei schwacher Hitze garen lassen, dabei immer weiterrühren. Eine Auflaufform mit Olivenöl einpinseln und die Polentamasse ca. 2 cm dick hineinfüllen. Glatt streichen und abkühlen lassen.*

Die Zwiebeln schälen und würfeln, die Paprika putzen und in recht feine Streifen schneiden, die Tomaten vom Stielansatz befreien und würfeln, die Chilischote längs aufschneiden, entkernen und dann fein hacken. In einem großen Topf einen guten Schuss Olivenöl erhitzen und alles Gemüse sowie den braunen Zucker hineingeben. Unter Rühren ein paar Minuten lang bei starker Hitze braten, dann die Temperatur reduzieren und das Ganze 60 Minuten lang im offenen Topf köcheln lassen, dabei gelegentlich umrühren. Gegen Ende der Garzeit mit Salz und Pfeffer abschmecken und die Butter unterrühren.

Die Basilikumblättchen abzupfen und grob hacken.

Die erkaltete Polenta auf eine Arbeitsfläche stürzen und in Quadrate von ca. 6-7 cm Seitenlänge schneiden. Eine beschichtete Grillpfanne mit Olivenöl einpinseln und die Polentaplätzchen von beiden Seiten jeweils ca. 4 Minuten lang rösten.

Auf Teller geben, das Peperonata-Gemüse dazu anrichten und alles mit etwas Basilikum bestreuen.

Farbe, Licht und Schatten – die Meister der venezianischen Malerschule

Wer nach Venedig kommt, dem begegnet er überall: der unvermeidliche Bellini-Cocktail. Der Mix aus trockenem Sekt und weißem Pfirsich ist eine venezianische Institution, er fehlt auf keiner Getränkekarte, die etwas auf sich hält. Aber – Hand aufs Herz: Bellini, war das nicht eigentlich ein Maler?

Giovanni Bellini ist sogar weit mehr als nur ein einfacher Maler gewesen. Er rief nämlich gemeinsam mit seinem Bruder Gentile die berühmte venezianische Malerschule ins Leben. Sein erklärtes Ziel war es, einen ganz eigenen Stil zu entwickeln und die bis dahin bekannte, steif und stilisiert wirkende Malerei des Mittelalters zu revolutionieren.

Bellini trachtete danach, seinen Werken Leben einzuhauchen, und um das zu erreichen, nahm er sich zunächst die dank der jahrhundertelangen Beziehungen in Venedig gut bekannten byzantinischen Ikonen zum Vorbild. Die darstellerischen Fähigkeiten der orientalischen Marienmaler untersuchte Bellini sehr genau, doch seine eigenen Madonnen sollten noch einen weiteren, darüber hinausgehenden Glanzpunkt erhalten. Mit leuchtenden, warmen Farben und weich fließenden Formen hauchte er ihnen eine anrührende Milde ein, eine gefühlvolle Mütterlichkeit, mit der sie sich dem Jesuskind zuwandten.

Die in der Malerei so innovative Möglichkeit zum Spiel mit Licht und Schatten verdankte er der Fertigkeit niederländischer Künstler, die völlig neue Ölfarben von geradezu brillanter Strahlkraft entwickelt hatten. Verbunden mit seiner dank der orientalischen Vorbilder weit ausgefeilten Maltechnik gelang es Bellini, damit enormes Aufsehen zu erregen. Schnell stieg seine Schule zum Nonplusultra der Kunstszene auf. Wer auf sich hielt, der besaß die angesagten Bilder aus Bellinis Atelier.

Der famose Ruf seiner Malereiwerkstatt verbreitete sich rasch in ganz Europa. Händeringend suchte Bellini nach talentiertem Nachwuchs, um die in immer rasanterem Tempo wachsende Zahl der Aufträge termingerecht abarbeiten zu können. Seine Kassenschlager ließ er dabei vielfach reproduzieren, um das Marktpotenzial zur Genüge ausschöpfen zu können. Der Arbeitsdruck erhöhte sich weiter, als er 1483 im Alter von 46 Jahren zum offiziellen Maler der Republik Venedig ernannt wurde. Nun sollte er zu allem Überfluss auch noch einen großen Saal im Dogenpalast ausmalen. Doch die jungen Burschen, die sich bei ihm um einen Job bewarben, waren bis auf wenige Ausnahmetalente nichts als grobmotorische Stümper. Wie sollte er sein Arbeitspensum unter diesen Umständen bewältigen können?

Irgendwann zu jener Zeit – das genaue Jahr ist unbekannt – wurde in einem Dolomitenstädtchen ein Knabe geboren, der, als er heranwuchs, schon früh eine gewisse künstlerische Begabung an den Tag legte. Das Städtchen – sein Name ist Pieve di Cadore – gehörte damals zum Territorium der Republik Venedig, und der Großvater des Knaben hatte eine Stellung in der Gemeindeverwaltung inne. Die Familie war recht wohlhabend, und um das Talent des Jungen zu fördern, beschloss man, ihn gemeinsam mit seinem Bruder Francesco zur Ausbildung in die Hauptstadt Venedig zu schicken. Dort lebte ein Onkel, der über gute Beziehungen verfügte, mit deren Hilfe er bestimmt den geeigneten Lehrbetrieb finden konnte. Francesco war zwar noch recht jung und ziemlich grün hinter den Ohren, aber sein älterer Bruder würde ja auf ihn achtgeben. Der zählte nämlich immerhin schon so ungefähr zehn Jahre.

Die beiden fanden sich bald in der Werkstatt des Mosaikmeisters Zuccato wieder. Die verschiedensten Glas- und Steinstückchen wurden hier sorgsam zu kunstvollen Darstellungen zusammengefügt, diese Bildnisse zierten die Böden der Kirchen und der Paläste reicher Kaufmannsfamilien, aber auch Kuppeln, Arkadengänge und die Wände von Patrizierhäusern. Doch zunächst sollten sich die beiden neuen Azubis in der Werkstatt die nötigen Fertigkeiten aneignen.

Wie staunte Zuccato, als er eines Morgens die Tür zum Arbeitsraum öffnete und den älteren der beiden Knaben im Halbdunkel zwischen Staub, Steinen und Mörtel über ein Mosaik gebeugt fand. Hatte der Kleine denn beim trüben Kerzenschein die ganze Nacht hindurch dort gewirkt? Zuccato hielt seine Öllampe über das Werkstück, um besser sehen zu können. Verblüfft schlug er die freie Hand vor den Mund und wich einen Schritt zurück. Das Bildnis zeigte einen Knaben mit einem Hund, so lebensecht, dass es fast aus seinem hölzernen Rahmen hervorzutreten schien. Wenn der Junge die Fähigkeit besaß, solch ein außerordentliches Werk aus Steinstückchen zu formen, was musste er dann erst mit Ölfarben zuwege bringen können?

Zuccato besaß einen fairen Charakter, jeder Egoismus lag ihm fern. Er erkannte, dass in diesem Kind ein geniales Talent schlummerte, und er wusste, dass dieses in seiner Mosaikwerkstatt niemals zur vollen Entfaltung gelangen könnte. Deshalb übergab er den Kleinen der Obhut des großen Giovanni Bellini.

Der jüngere Bruder Francesco weinte angesichts der Trennung, und weil die Kinder noch so zart waren, erbarmte sich Bellini und nahm auch diesen bei sich auf. Er überantwortete sie der Aufsicht einer Gruppe junger Maler, die schon gute Erfolge vorzuweisen hatten. Einer von ihnen war nicht viel älter als die beiden Brüder, er nannte sich schlicht und einfach Giorgione.

Dieser Giorgione sollte zu einem der berühmtesten Maler der italienischen Renaissance aufsteigen. Seine Gemälde sind vielfach von opulenten und fantasievollen Landschaften geprägt, die dargestellten Personen von strahlender Lebenskraft. Und ungeachtet seiner Jugend trugen ihm seine Fähigkeiten bereits früh einen Ruf als hervorragender Maler ein.

So kam es, dass der junge Giorgione schon wenige Jahre später einen lukrativen Auftrag erhielt. Im Sestiere San Marco befindet sich direkt am Canal Grande der „Fondaco dei Tedeschi“ – die „Faktorei der Deutschen“, die venezianische Handelsniederlassung der Gewerbetreibenden aus den deutschsprachigen, ungarischen und flämischen Gebieten Europas. Weite Arkadenbögen öffnen dieses Gebäude zum Canal Grande hin. Hier legten die Handelsschiffe an, auf denen kostbare Gewürze, Olivenöl, Zitrusfrüchte, Mandeln und Weine, aber auch Korallen, Perlen und Edelsteine, Muranoglas, Papier, Bücher und edle Stoffe für den Weitertransport in den Norden verladen wurden. Den ausländischen Kaufleuten war es dabei strengstens untersagt, mit ihren Schiffen an einer anderen Anlegestelle innerhalb von Venedig anzulanden. Denn der Fondaco stand unter ständiger akribischer Kontrolle durch die venezianischen Behörden. So wurde verhindert, dass die fremden Händler etwa die lukrativen Zollabgaben unterlaufen konnten, eine geschickte Vorgehensweise, die sich die Venezianer bei den Byzantinern abgeguckt hatten.

Doch die nordeuropäischen Handelspartner wollte man hier durchaus angemessen empfangen, deshalb sollte Giorgione die Arkadengänge des Fondaco mit repräsentativen Fresken versehen. Die gut sichtbaren Außenfassaden nahm er sich persönlich vor, die versteckter liegenden Seiten überließ er den Kollegen aus seiner Malergruppe. Hier machten sich nun Francesco und sein älterer Bruder an die Arbeit.

Dieser Ältere der beiden trug den Namen Tizian. Bei allem, was wir heute über ihn wissen und was allein der Klang seines Namens auszulösen vermag, ist es nicht verwunderlich, dass seine Fresken schon bald Aufsehen erregten. Was dieser Giorgione da malte, war zwar durchaus beeindruckend, doch sein noch unbekannter Kollege Tizian vollbrachte wahrhaft Großes! Aus ganz Venedig strömten die Neugierigen herbei, um die Fortschritte seiner Wandmalerei immer wieder aufs Neue zu bestaunen. In Gruppen standen sie beieinander, steckten raunend die Köpfe zusammen, und immer wieder hörte man von den neu Hinzugekommenen erstaunte Ahs und Ohs. Der Bursche Tizian widmete sich derweil seiner Aufgabe, malte mit schwungvollem Duktus, um sodann mit theatralischer Gestik einen Schritt zurückzutreten und sein Werk voll des sichtbaren Stolzes zu begutachten. Ist es verwunderlich, dass Giorgione zunehmend Groll gegen den Naseweis empfand?

Zwar arbeiteten die beiden auch weiterhin zusammen und begründeten gemeinsam die „arte moderna“ – die „moderne Kunst“ ihrer Zeit. Doch die gegenseitige Rivalität nahm ein zunehmend heftiges Ausmaß an. Immer öfter gerieten sie in Streit, setzten die Werke des jeweils anderen gegenüber Dritten herab, verunglimpften sich gegenseitig. Wer weiß, wohin der Zwist geführt hätte, wäre nicht der erst 32-jährige Giorgione im Jahr 1510 von einer Pestepidemie mitten aus der Blüte seiner Schaffenskraft herausgerissen worden.

So blieb nun Tizian allein als herausragendes Nachwuchstalent in Venedig zurück. Seine Karriere erhielt einen weiteren Schub, als Altmeister Bellini dem bedauernswerten Giorgione nur sechs Jahre später nachfolgte. Bellini hatte immerhin das stolze Alter von 79 Jahren erreicht. Doch der Platz des Großmeisters der venezianischen Malerei war nun endgültig vakant geworden. Zeit für Tizian, diese Stellung einzunehmen.

Er sollte sie für die nächsten 60 Jahre in Anspruch nehmen. Tizian eröffnete eine Werkstatt am Canal Grande und erhielt die hinlänglich gut bezahlte Position eines Superintendenten der Stadt Venedig. Das sicherte ihm ein geregeltes Einkommen sowie regelmäßige Aufträge, im Gegenzug verpflichtete er sich, alle künftigen Dogen Venedigs für einen nicht neu verhandelbaren Fixpreis zu porträtieren.

Befreit vom dominanten Einfluss seiner Lehrmeister, entwickelte Tizian nun einen eigenen Malstil. Sein mittlerweile recht ausgeprägtes Selbstbewusstsein beflügelte ihn zu einer monumentaleren Darstellungsweise. Die Eindringlichkeit und Größe seiner Werke, verbunden mit seinem Sinn für Schönheit und Anmut trugen Tizians Kunst schnell zu den höchsten Gipfeln des Ruhms. Besonders seine mit großer Hingabe gemalten Frauenfiguren stießen auf leidenschaftliche Begeisterung. Es heißt, dass zumeist höfische Kurtisanen Modell für diese Bildnisse standen. Zur Zeit der Renaissance existierte in Venedig ein hoch kultiviertes Kurtisanenwesen, vielleicht am ehesten vergleichbar mit der japanischen Oiran-Kultur, einer Tradition hochrangiger Prostitution, die einen erotischen Nebenzweig der Geisha-Kultur darstellte.

Seine Malereimodelle erklären auch die Entstehung von Tizians üppigen Aktbilden, allen voran die „Venus von Urbino“. Sie orientiert sich zwar an Giorgiones ganz ähnlichem Werk „Ruhende Venus“, doch fehlt ihr die lyrische Unschuld des Vorbildes. Tizians Venus gleicht weniger einer ruhenden Göttin denn einer verführerisch hingebetteten Kurtisane. Doch kumulieren gerade in diesem Werk seine außerordentlichen malerischen Fähigkeiten. Die Darstellung ist so realistisch, dass der Betrachter davon fast schon irritiert wird. Die Technik des Sfumato, die sich Tizian bei Leonardo da Vinci abgeschaut hat, lässt dabei die scharfen Konturen sanft verschwimmen, sie legt Anmut und eine zarte Sanftheit über die gesamte Szenerie. Tizians sinnliche Art der Darstellung nimmt in vielen seiner Werke, besonders aber vielleicht in diesem, bereits den künstlerischen Stil des Barock vorweg.

Als angesehener Bürger und Star der Kunstszene von Venedig zog Tizian schon bald in ein prachtvolles Haus im besten Viertel der Stadt. Von seinem herrlichen

Garten aus konnte er ein grandioses Panorama über das Meer und die Insel Murano bis hin zu den Alpen genießen. Sein beruflicher Erfolg hatte ihn zu einem äußerst wohlhabenden Mann gemacht. Weniger glücklich verlief sein Privatleben, denn seine Frau starb nach nur drei Ehejahren bei der Geburt des dritten Kindes.

Alljährlich stattete Tizian seinem Geburtsort in den Dolomiten einen Besuch ab, wo er in einer Villa lebte und sich von der Schönheit der alpinen Landschaft inspirieren ließ. Er nahm nun auch vermehrt anderenorts Aufträge an. So arbeitete er zum Beispiel in Bologna und folgte schließlich dem Ruf des Papstes nach Rom, wo er in die künstlerischen Fußstapfen des Michelangelo treten sollte. Doch daraus wurde nichts, denn Karl V., Kaiser des Heiligen Römischen Reichs Deutscher Nation, berief ihn nach Augsburg. Tizian fungierte schon seit längerem als dessen Hofmaler, und auch der Thronfolger Philipp II. machte sich Tizians Talent zunutze. Während der letzten 25 Jahre seines Lebens arbeitete Tizian vornehmlich für ihn.

Doch im August des Jahres 1576 holte Tizian das Schicksal seines einstigen Kontrahenten Giorgione ein. Er starb, als Venedig von einem erneuten Ausbruch der Pest heimgesucht wurde, und fand seine letzte Ruhestätte in der Kirche Santa Maria Gloriosa dei Frari im Sestiere San Polo.

Sein Todesdatum ist überliefert, über sein Geburtsjahr streiten sich die Gemüter hingegen. Im Sterberegister der Stadt Venedig ist sein Todesalter mit sagenhaften

103 Jahren angegeben. Drei Jahre jünger lässt ihn hingegen ein Brief erscheinen, in dem er sich selbst im Jahr 1571 als 95-Jährigen beschreibt. Doch besagen andere Aufzeichnungen, dass Tizian bei der Aufnahme der Arbeiten am Fondaco dei Tedeschi noch wesentlich jünger gewesen ist, als es mit diesen beiden Angaben vereinbar wäre. Demnach zählte er damals gerade erst 20 Jahre und befand sich keinesfalls schon deutlich jenseits der Dreißig, wie es aus den ersteren Annahmen zu schließen wäre. Man vermutet daher, dass Tizian irgendwann zwischen 1488 und 1490 geboren wurde. Es könnte aber natürlich auch anders gewesen sein.

Unumstritten ist hingegen der maßgebliche Einfluss, den Tizian auf seine zeitgenössischen Malerkollegen, die Nachgeborenen sowie auf die gesamte europäische Kunst gehabt hat. Aus seiner Werkstatt ging zum Beispiel der große Tintoretto hervor, dem allerdings eine ganz andere Arbeitsauffassung als seinem Lehrherrn zu eigen gewesen ist. Es heißt, dass Tizian den jungen Mann achtkantig hinauswarf, was dessen Karriere allerdings nicht weiter beeinträchtigen konnte. Überhaupt heißt es von Tizian, dass er begnadete Talente mit eigenen künstlerischen Vorstellungen in seinem Dunstkreis nicht allzu gut ertragen konnte. Sein eigener Bruder Francesco oder auch sein künstlerisch hochbegabter Sohn Orazio traten nie aus dem Schatten des Meisters heraus. Giorgio Vasari, der Hofmaler der Medici, warf Tizian Neid und überzogenes Konkurrenzdenken vor. Ohne die vielen fleißigen und doch gänzlich unbekannten Arbeiter in seiner Werkstatt, so hieß es damals, hätte er selbst niemals zu so großer Schaffenskraft gelangen können.

Und doch glückte es dem großen Star der venezianischen Kunstszene, über all diese Vorwürfe glanzvoll hinwegzustrahlen. Voll tiefer und respektvoller Verehrung sprachen seine venezianischen Bewunderer von ihm nur als von der „Sonne unter den Sternen".

Bellini – der Klassiker

Zutaten: *reife weiße Weinbergpfirsiche, gut gekühlter Prosecco oder Champagner*
Zubereitung: *Die Pfirsiche schälen und entkernen, dabei das Fruchtfleisch, das sich direkt am Kern befindet, entfernen (es kann bitter schmecken). Anschließend das restliche Fruchtfleisch im Mixer zu einem feinen Püree verarbeiten. Sollte nicht alles gleich weiterverwendet werden, so kann man etwas Sirup aus Rohrzucker sowie frischen Zitronensaft hinzugeben und das Püree dann gut abgedeckt im Kühlschrank bis zu 1 Tag lang lagern.*
Zur Herstellung des Bellini-Cocktails nimmt man Champagnergläser. In jedes Glas 3 Esslöffel Pfirsichpüree hineingeben und bis zur Hälfte mit Champagner oder Prosecco füllen. Nun vorsichtig umrühren, anschließend das Glas vollständig mit Champagner oder Prosecco auffüllen und sofort genießen.

Dieser nach Giovanni Bellini benannte **Erfolgsdrink** *wurde erstmals 1948 in Harry's Bar serviert. Begeben wir uns doch nun einmal zum Originalschauplatz!*

Auf einen Drink bei Harry's – zu Gast in einer legendären Bar

An einem trüben Wintermorgen gegen elf Uhr, in einer Gasse am Canal Grande nahe dem Markusplatz. Unentschlossen stehe ich vor einer geschlossenen Schwenktür. In ihren hellen Holzrahmen sind hohe Scheiben aus Milchglas eingelassen, und stünde darauf nicht in kapitalen goldenen Lettern klar und deutlich „Harry" geschrieben, so würde ich mich vermutlich nicht trauen, die Tür zu öffnen. Denn ansonsten deutet gar nichts darauf hin, dass ich mich hier vor dem Zugang zu einer Legende befinde. Die geschlossene Tür wirkt abweisend, was sich dahinter abspielt, bleibt von außen verborgen. Hätte nicht auf der Webseite ganz klar gestanden, dass Harry's Bar um 10:30 Uhr aufmacht, so hätte ich mich womöglich niemals getraut, die Tür zu öffnen.

Doch so fasse ich mir ein Herz, ziehe die Tür auf und trete hinein. Einen Moment lang verharre ich ehrfurchtsvoll. Denn vor mir tut sich eine andere Welt auf.

Die altmodischen Fenster sind bis zur Hälfte milchig abgedeckt und verwehren den Blick nach draußen genauso, wie sie die neugierigen Blicke der Passanten von dort abwehren. Die niedrige, hell gestrichene Balkendecke scheint schwer auf dem nicht sonderlich großen Raum zu lasten, so schwer, dass die darin verteilten runden Holztische und Clubstühle ganz klein und in sich zusammengesunken wirken. Die gerundeten Rückenlehnen der Stühle schließen mit den Tischoberkanten ab und verstärken so den Eindruck, dass sie von einer unsichtbaren Bürde hinabgedrückt werden.

An den gelblichen Wänden hängen altmodische Schirmlämpchen, und an der Theke lehnt ein nicht minder altmodisch wirkender Barmann mit weißem Jackett und schwarzer Fliege. Sein Gesichtsausdruck ist kühl distanziert, kein Lächeln verirrt sich – und sei es auch nur ansatzweise – in seine Züge. Die Bar ist leer zu dieser frühen Stunde, und nur ganz hinten in eine Ecke kauert sich ein Pärchen, dass sich genau wie mein Mann und ich zu dieser unpassend frühen Stunde hierher verirrt zu haben scheint.

Leicht verunsichert nehmen wir an einem der vielen leeren Tischchen Platz, stoisch reicht der Kellner mit unveränderter Miene die Karte herüber. „Due Bellini, per favore“, halte ich ihm vielleicht etwas zu betont fröhlich entgegen. Mit einem trockenen Nicken wendet er sich ab. Na klar, das Übliche. Er kennt das ja. Wir sind nur Touristen, Banausen, die keine Ahnung von der hohen Kunst des Baristas haben. Wir sind einzig und allein deshalb hierhergekommen, weil wir wenigstens einmal im Leben in Harry’s legendärer Bar einen nicht minder legendären Bellini trinken wollen. Ich gebe es unumwunden zu. Und deshalb haben wir auch nonchalant darüber hinweggesehen, dass ein Glas Bellini hier erstaunliche 22 Euro kostet. Legenden sind nämlich mit Geld nicht aufzuwiegen.

Im Handumdrehen stehen ein Schälchen Oliven und zwei kleine Gläschen vor uns – ich würde ja „Wassergläser" dazu sagen, wüsste ich nicht, welch kostbaren Inhalt die beiden bergen. Während ich vorsichtig nippe – jedes Tröpfchen will zur Gänze ausgekostet werden –, schaue ich mich in dem gedrungenen Ambiente um. Kein Zweifel, Mobiliar und Lampen, selbst der schäbige Linoleumboden sind mit Sicherheit noch im Originalzustand von 1931. Denn in jenem Jahr eröffnete Giuseppe „Beppi" Cipriani Harry's Bar, benannt nach seinem Freund und Geldgeber, dem Amerikaner Harry Pickering.

Mit gesenkter Stimme unterhalten wir uns, denn auch das Paar in der Ecke wagt es nicht, mehr als ein paar ehrfürchtig gewisperte Worte auszutauschen. Und plötzlich weiß ich, was außer dem angeregten Geplauder zahlreicher Gäste an den Nebentischen hier noch fehlt. Die Luft in diesem Raum müsste von Zigarettenqualm geschwängert sein, schwer müssten seine Schwaden durch den Raum wabern, das Licht der Schirmlämpchen vernebeln und auf Tischen und Stühlen lasten wie der dichte Dunst der auf- und niederwogenden Gedankenwelt, die hier wohl einst geherrscht haben mag. Harry's Bar ist wie eine Zeitreise in die pessimistisch-düstere Welt des Film noir oder der Schwarzen Serie Hollywoods. Stelle ich mir den Qualm vor, so sehe ich als nächstes Humphrey Bogart mit Hut und Mantel, vertieft in ein ernstes Gespräch mit dem finsteren James Cagney.

Und da ist sie mit einem Mal lebendig, die große Geschichte von Harry's Bar. Illustre Gäste sind es gewesen, die von weit her anreisten, um hier Unsummen für arroganten Service und eine mickrige Portion Carpaccio auszugeben. Denn Cipriani hatte ein Händchen dafür, sich kleine Gaumenkitzel auszudenken, die er seinen Gästen zum Drink servierte.

Seine berühmteste Erfindung ist neben dem Bellini-Cocktail das Carpaccio, das er für seine Stammkundin Contessa Mocenigo erfand, Angehörige einer hoch angesehenen venezianischen Patrizierfamilie. Ihr Arzt hatte der sensiblen Adelsdame vom Verzehr gegarten Fleisches dringend abgeraten, doch Cipriani wusste Rat. Mit scharfem Messer schnitt er hauchdünne Scheiben von einer eisgekühlten Rinderlende und servierte das Ganze roh, gewürzt mit Salz, Pfeffer und der speziellen Mayonnaise-Sauce, die er schon zuvor entwickelt hatte und die in Harry's Bar zu vielerlei Speisen als Universalsauce dient.

Das Carpaccio entstand 1950, zwei Jahre nach dem Bellini-Cocktail, dessen Vorläufer in den Anfangsjahren noch aus einem Champagner mit kleinen Pfirsichstückchen bestanden hatte. Und wie der Bellini wurde auch das Carpaccio nach einem Maler benannt: nach dem venezianischen Renaissancemaler Vittore Carpaccio, vermutlich einem Schüler Bellinis. Seine bevorzugten Farbtöne waren mehr oder weniger gedämpfte Nuancen von Rot, die an rohes Rindfleisch erinnern. Und weil es in jenem Jahr gerade eine vielbeachtete Ausstellung der Werke Carpaccios in Venedig gab, wählte der kunstaffine Cipriani ihn zum Namenspaten für sein neues Gericht.

Cipriani, das verraten alte Aufnahmen, hatte viel Ähnlichkeit mit dem weiß livrierten Keeper, der am heutigen Morgen in der Bar seinen Dienst schiebt. Der im Jahr 1900 in Verona geborene und in Schwenningen am Neckar zur Schule gegangene Cipriani arbeitete in verschiedenen Beherbergungsbetrieben, bis er 1927 einen Job als Barista im feinen Hotel Europa in Venedig annahm.

Als Barkeeper hat man gute Gelegenheit, die verschiedensten Abgründe menschlichen Daseins kennenzulernen, und so wurde Cipriani eines Abends Zeuge eines Streits zwischen einer Amerikanerin und deren Gigolo. Wutentbrannt verließen die beiden nach heftigem Wortgefecht das Hotel, dabei den Neffen der Dame verstört zurücklassend. Der junge Mann beichtete Cipriani im weiteren Verlauf der Nacht, dass er völlig abgebrannt sei und seine Rückfahrkarte in die Staaten nicht bezahlen könne. Cipriani hielt ihn für eine ehrliche Haut, deshalb legte er ihm das Geld für eine Schiffspassage nach Boston vor. Doch viele Monate lang hörte er nichts mehr von dem jungen Burschen.

Zwei Jahre später aber stand der Amerikaner völlig unvermittelt vor ihm am Tresen und wedelte mit einem dicken Bündel Geldscheine. Damit, so verkündete Harry Pickering, wolle er nicht nur seine Schulden zurückzahlen, sondern auch gemeinsam mit Cipriani eine eigene Bar aufmachen.

Und so begann die Erfolgsstory von Harry's Bar, die sich aus einer Mischung von Ciprianis gastronomischem Erfindungsgeist und Pickerings amerikanischem Geschäftssinn begründet. Pickering war es auch, der die Bar im amerikanischen Stil einrichten ließ. Understatement, schlichte Eleganz und hohe Qualität waren die Fundamente des Konzepts. In der ersten Etage der Bar gibt es einen weiteren Gastraum – genauso puritanisch wie der im Parterre, doch geschmückt von einem fantastischen Postkartenpanorama über den Canal Grande und die imposante Kuppelkirche Santa Maria della Salute. Davon abgesehen soll keine aufwendige Dekoration von den dargebotenen Speisen und Getränken ablenken, das erklärt auch die einfachen Gläser. Auf musikalische Untermalung wird aus dem gleichen Grund verzichtet. Die hausgemachten Spezialitäten, die aus einfachen, aber hochwertigen Zutaten bestehen und auf jedweden Schnickschnack verzichten, stehen im Mittelpunkt der Bar.

Eines Tages im Jahr 1949 betrat ein anderer Amerikaner die schummerige Bar. Er orderte einen „Montgomery". Es war das erste Mal, dass jemand dieses Getränk bei ihm bestellte, und Cipriani mixte eine besonders trockene Version des „Montgomery Martini" für seinen neuen Gast. Der Drink geriet zu einer weiteren Erfolgsstory für die Bar, denn bei dem amerikanischen Besucher handelte es sich um keinen Geringeren als Ernest Hemingway. Dieser war so begeistert von Ciprianis Martini, dass er nicht nur immer wiederkehrte, er verewigte die Bar auch in seinem Roman „Über den Fluss und in die Wälder“. So ist es nicht verwunderlich, dass Harry's Bar in den Fünfzigerjahren zum Treffpunkt der Literaten aufstieg. Außer Hemingway zählten Truman Capote, Sinclair Lewis und Orson Welles zu den Stammkunden. Später gesellten sich solch namhafte Gäste wie Baron Philippe de Rothschild, Charlie Chaplin, Alfred Hitchcock, Arturo Toscanini, Aristoteles Onassis, Woody Allen oder Peggy Guggenheim hinzu. Elizabeth II. kam auf Stippvisite vorbei, um zu sehen, wo ihr Philip einst seine feuchtfröhlichen Junggesellenabende verbracht hatte. Franz Josef Strauß ließ sich mitunter abends mal eben auf einen Drink bei Harry's von München nach Venedig fliegen. Die Bar wandelte sich in den Sechzigerjahren vom Literatentreff zur Szenebar der Prominenten.

Und heute? Gewiss mag sich auch heutzutage noch so mancher prominente Gast unter die Besucher der Bar mischen. Vielleicht schreckt der gestiegene Bekanntheitsgrad die erlauchte Klientel aber inzwischen eher ab. Inkognito bleibt man hier kaum, angesichts von Touristen wie uns.

Inzwischen ist ein älteres Pärchen aus Deutschland hinzugekommen und hat uns gegenüber Platz genommen. Ein Blick in die dargebotene Getränkekarte lässt ihre

Gesichtszüge erstarren. Nein, billig ist Harry's Bar nun wirklich nicht. Sie bestellen nur einen Caffè, zahlen sofort und verschwinden alsbald wieder.

Gleich darauf öffnet sich die Tür und zwei elegante Paare rauschen herein. Sie nehmen vor dem Fenster auf der anderen Seite des Raumes Platz und diesen sogleich für sich ein. Der Barmann kommt mit der Karte, doch die stark geschminkte und wohlfrisierte Endfünfzigerin, die mir vis-à-vis sitzt, lehnt milde lächelnd ab. Dann erklärt sie lautstark in breitem Bayerisch, dass man hier einen Bellini trinken müsse. Ganz offensichtlich möchte sie, die in Begleitung ihres korpulenten Ehemanns ist, dem befreundeten Paar etwas bieten. „Der geht auf mich, schließlich habe ich Geburtstag", fügt sie jovial hinzu.

Auch möchte sie wohl zeigen, dass sie eine Kennerin ist, denn sie fragt den Barista in stark bayerisch gefärbtem Englisch nach einem köstlichen Sandwich, das sie bei ihren früheren Besuchen hier genossen habe. Der Name sei ihr leider entfallen.

„Die Küche öffnet erst um zwölf", erwidert der so Angesprochene ungerührt und wendet sich ab, um die Bellinis zu mixen. Nicht das kleinste Zucken seiner Mimik verrät seine Gedanken.

Carpaccio nach dem Rezept aus Harry's Bar

Zutaten für 4 Personen: *300 g gut abgehangene Rinderlende, 2 Eigelb, 80 ml Olivenöl, 2 Tl Dijonsenf, 4 El Crème fraîche, 1 Tl Zitronensaft, 1 El Kapern, ½ Bd. Blattpetersilie, ½ Bd. Schnittlauch, Worcestershiresauce, Zucker, Salz, Pfeffer*

Zubereitung: *Das Fleisch vom Metzger kurz vor dem Verzehr in hauchdünne Scheiben schneiden lassen oder alternativ vor dem Aufschneiden 30-40 Minuten lang abgedeckt ins Gefrierfach stellen, keinesfalls länger. (Letztere Methode ist bei Feinschmeckern allerdings verpönt, weil der Fleischgeschmack darunter etwas leidet.)*

Die Eigelb in eine Schüssel geben, den Senf hinzugeben und die Masse mit dem Schneebesen ganz glatt rühren. Nun das Olivenöl in sehr dünnem Strahl langsam hinzufließen lassen, dabei ständig mit dem Schneebesen aufschlagen. So lange weiterschlagen, bis die Sauce gebunden ist und eine hellgelbe Farbe angenommen hat. Nun die Crème fraîche sowie den Zitronensaft unterrühren und mit einer Prise Zucker, Salz, Pfeffer und etwas Worcestershiresauce würzen.

Die Petersilienblättchen abzupfen und grob hacken, den Schnittlauch in feine Röllchen schneiden. Die Kapern gut abtropfen lassen.

Nun das Fleisch aus dem Eisfach nehmen, mit einem sehr scharfen Messer hauchdünn aufschneiden bzw. das vom Metzger geschnittene Fleisch aus dem Kühlschrank nehmen und auf Tellern anrichten. Abgedeckt Raumtemperatur annehmen lassen, dann die Mayonnaise-Sauce darüberträufeln und Schnittlauch, Petersilie sowie Kapern darüberstreuen.

Dazu knuspriges Weißbrot servieren.

Die „Harry's Mayonnaise" eignet sich auch als Dip zu vielen anderen Gerichten.

Vier Pferde und ein orientalischer Palast – Geschichten vom Markusdom

Das gesellschaftliche Herz von Konstantinopel schlug im Hippodrom. Denn hier fand das beliebteste Freizeitvergnügen der Byzantiner statt: Pferderennen! Die kolossale Rennbahn maß 429 Meter Länge bei einer Breite von 119 Metern, ganze 100.000 Menschen konnten hier den vorbeijagenden Wagen der Blauen, Roten, Grünen und Weißen zujubeln. Das waren die Farben der vier großen Rennställe, und die ganze Stadt teilte sich in leidenschaftliche Anhänger einer dieser vier Parteien. Teilweise entflammten die Menschen dabei in solchem Fanatismus, dass ihr Streit fast zum Bürgerkrieg führte. In der Regel aber kam man im Hippodrom zwar in heißblütiger, aber überwiegend friedlicher Stimmung zusammen. Nicht zuletzt ging es hier um Unsummen, die man bei Pferdewetten gewinnen oder verlieren konnte.

Ein solch pulsierender Knotenpunkt der Stadt verlangte natürlich nach einer repräsentativen Ausgestaltung. Im Jahr 390 ließ der oströmische Kaiser einen gewaltigen Obelisken aus Ägypten herbeischaffen und in der Mitte der Rennbahn aufrichten. Den Bahnverlauf dagegen zierten etliche prachtvolle Bronzeplastiken und machten das Hippodrom zu einem atemberaubenden Freilichtmuseum.

Da staunten die Kreuzritter unter dem Oberkommando des Dogen Enrico Dandolo nicht schlecht, als sie im Zuge des Vierten Kreuzzugs in Konstantinopel einfielen. Sie hielten einen atemlosen Augenblick lang inne, doch dann überwältigte sie erneut die Zerstörungswut, die wie ein wahnhafter Rausch von ihnen Besitz ergriffen hatte, seit sie in die Stadt eingedrungen waren. Sie schlugen alles kurz und klein, hauten die Bronzen von ihren Sockeln und zertrümmerten sie mit ihren Streitschwertern und Kampfäxten.

„Haltet ein!“, brüllte plötzlich ein flämischer Kommandant und hob ermahnend seine von einem Panzerhandschuh bewehrte Linke. Mit verblüfftem Schrecken erstarrten seine Ritter in ihrem Tun und sahen zu ihrem Befehlshaber auf, der sein schwarzes Streitross zu einer lebensgroßen Bronzeplastik gelenkt hatte, die auf einem Marmorsockel stand.

Der Mann streifte den starren Eisenschutz von seiner Hand. Dann berührte er mit einer sanften, fast zärtlichen Geste die Nüstern eines der vier Pferde, welche die Skulptur darstellte. „Seht nur“, sagte er leise, wie zu sich selbst, „diese Linien, diese Aderung, diese anmutige Haltung des Kopfes! Als seien sie lebendige Wesen, und im nächsten Augenblick würden sie schnauben, ihr edles Haupt emporwerfen und von dannen traben!“

Wahrhaftig! Nun sahen die anderen es auch. Die vier von einer goldgrünen Patina überzogenen Bronzepferde der Quadriga waren geradezu unglaublich lebensecht dargestellt und wunderschön. Unter keinen Umständen durften sie Schaden nehmen! Nein, solche Pracht musste man als Beute mit nach Hause nehmen. Wie würden die Menschen in der nordischen Heimat bei diesem Anblick staunen!

So wuchteten sie die Quadriga auf einen Wagen und fuhren sie zum Hafen, wo sich bereits ein reicher Schatz von Beutestücken auftürmte, bereit zur Verschiffung in den Norden. „Schafft diese Bronzen nach Flandern!“, befahl der flämische Kommandant dem Kapitän einer venezianischen Galeere und wies auf die Pferde. Schon verluden die Venezianer die kostbaren Stücke an Bord ihres Schiffes. „Wir transportieren die Sachen ab“, erwiderte der Kapitän mit perfidem Grinsen. „Aber nicht nach Flandern, sondern nach Venedig! Denkt ihr etwa, ihr kommt davon, ohne uns für die Verschiffung Eures Heeres bis nach Konstantinopel angemessen zu entlohnen?“

So gelangte ein Gutteil der bei der Plünderung Konstantinopels gemachten Beute als Transportvergütung in die Lagunenstadt. Die wertvollen Preziosen, fein ziselierte Ketten und mit Edelsteinen verbrämte Diademe, schmückten fortan die Häupter und Dekolletés der vornehmen venezianischen Damen, das schwere goldene Geschirr zierte venezianische Festtafeln, die prächtigsten Vasen und Figurinen hielten Einzug in die Paläste der Reichen. Konstantinopel, die mächtige Konkurrentin, war erledigt. Endlich konnte man sich wieder mit sich selbst beschäftigen. Und in der Folge des Sieges prosperierten die Geschäfte nun umso glanzvoller. Zeit, etwas für die Stadt zu tun!

Doch bevor wir die Geschichte an dieser Stelle weiterverfolgen, müssen wir zunächst etwas ausholen.

Wir haben ja schon davon gehört, dass die Gebeine des Evangelisten Markus rund 400 Jahre zuvor in Alexandria von venezianischen Kaufleuten gestohlen worden waren. Es heißt, dass die Räuber den Leichnam des Heiligen unter Schweinefleisch versteckten, um ihn aus der Stadt zu schmuggeln. Davor ekelten sich die muslimischen Zollbeamten nämlich.

Der Besitz der kostbaren Knochen des Markus stellte eine der Grundfesten des beginnenden politischen und wirtschaftlichen Aufstiegs der Stadt Venedig dar. Besaß Konstantinopel die sterblichen Überreste des Apostels Johannes, so nannten die Franken den Mantel des Sankt Martin ihr Eigen. Solch hochrangige Kultgegenstände zogen ganz automatisch ein rasantes Wachstum von Macht und Einfluss nach sich, und so stieg auch Venedig nun endgültig in die erste Kategorie der christlichen Zentren auf.

Die erstklassigen Reliquien verlangten natürlich nach einer angemessenen Behausung. Deshalb hatte man schon 828, im Jahr des ruchlosen Diebstahls, an den Dogenpalast eine Kapelle angebaut und dem heiligen Markus gewidmet. Hierin wurden die Gebeine nun aufbewahrt.

Doch 150 Jahre später kam es zu Unruhen. Wütend stritten sich die Vertreter unterschiedlicher Ansichten im Dogenpalast, dem Regierungssitz, und schließlich platzte einem Hitzkopf der Kragen: Er riss eine brennende Fackel von der Wand und setzte damit einen der schweren Brokatvorhänge in Brand. Schnell breitete sich das Feuer im Saal aus, und nur durch beherztes Eingreifen der Anwesenden konnte im Dogenpalast das Schlimmste gerade eben noch verhindert werden. Der Wind jedoch trieb die Funken nach draußen, und so griff das Feuer auf die nebenliegende Markuskirche über. Die folgende Brandkatastrophe legte 200 Wohnhäuser in Schutt und Asche. Am schlimmsten aber war es, dass die Markuskirche völlig zerstört wurde. Und nicht nur das, die Gebeine des Heiligen ließen sich in den Trümmern partout nicht mehr wiederfinden. Welch ein Fiasko!

Der Doge Pietro Orseolo aber fackelte nicht lange. Wenn schon die Markusreliquien verloren waren, so sollte dem Heiligen wenigstens eine repräsentative Kirche gestiftet werden, viel besser als die alte Kapelle. Ein richtiger Dom musste her! Und weil Orseolo ein überaus gut situierter Mann war, finanzierte er den Neubau des Markusdoms aus der eigenen Tasche.

Hundert Jahre später trat ein weiterer Doge auf den Plan, Domenico Contarini. Auch er verfügte über Geld im Überfluss, und so ließ er den Bau seines Vorgängers aufwendig erweitern und umgestalten. Diese Bauarbeiten dauerten mehr als 30 Jahre, und Contarini sollte ihr glückliches Ende nicht mehr miterleben. Das ist schade, denn dieses Ende war wirklich überaus glücklich: Gerade zur

Fertigstellung des Bauwerks tauchten nämlich wie durch ein Wunder die Gebeine des heiligen Markus im Juni 1094 wieder auf!

Wie es dazu kam, darüber schweigen die Geschichtsbücher. Eventuellen Zweifeln an der Echtheit mag man entgegengehalten, dass es allein der Glaube ist, der Reliquien echt werden lässt. Und an Glauben mangelte es den Venezianern nicht. Aus Begeisterung über die Wiederentdeckung ihres größten Schatzes erklärten sie den Markuslöwen zum Staatswappen ihrer Republik.

Während im 12. Jahrhundert Venedigs Aufstieg zur mächtigen Perle des Mittelmeerraums unaufhaltsam weiter voranschritt, rastete auch der Rest von Europa keineswegs. Nördlich der Alpen wurde 1152 der Schwabenherzog Friedrich in Frankfurt zum König gewählt. Der 30-jährige Haudegen trachtete nach mehr, vor allem wollte er die widerspenstigen oberitalienischen Städte seinem Willen beugen. Er startete einen Feldzug nach Italien, wo er drei Jahre nach seiner Erlangung der Königskrone schließlich auch die des Kaisers empfing, und zwar aus den Händen des Papstes persönlich. Friedrich I. beherrschte von nun an das Heilige Römische Reich. Wegen seines roten Barthaares schimpften ihn die Italiener bloß spöttisch „Barbarossa".

Doch Barbarossas ausgeprägtes Machtbewusstsein führte immer wieder zu Streitereien. Eines Tages kam es zum Zwist mit dem Papst, der aufgebracht von der kaiserlichen Renitenz seine eigene Macht spielen ließ und Barbarossa exkommunizierte. Dieser veranlasste aus Ärger darüber seine Truppen dazu, die Stadt Venedig zu belagern. Durch die Demütigung der einflussreichen Lagunenstadt wollte er sich beim Papst gehörig revanchieren. Wutentbrannt schwor er im Kreise seiner Feldherren, er werde den Markusdom zum Pferdestall degradieren, wenn er erst Herr über die Stadt sei.

Doch daraus wurde nichts. Die Venezianer leisteten der Streitmacht des Stauferkaisers erfolgreich Widerstand, und schließlich gab Friedrich auf. In der Folge kam es zum Friedensschluss von Venedig, bei dem auch Papst und Kaiser sich endlich wieder vertrugen. Der Bann wurde gelöst, im Gegenzug erkannte Barbarossa die Vormachtstellung des Kirchenoberhauptes an. In Venedig kümmerte man sich wieder um die eigenen Angelegenheiten.

Sehr erfolgreich, denn nur wenige Jahre später konnte der lästige Konkurrent Konstantinopel im Laufe des Vierten Kreuzzuges endlich aus dem Weg geräumt werden. Nun aber verfügte die Republik Venedig über solche Reichtümer, dass Markuskirche, Markusplatz und die angrenzenden Paläste geradezu nach einer repräsentativen Neugestaltung schrien.

Dem jahrhundertelangen orientalischen Einfluss ist es zu verdanken, dass man sich bei der Gestaltung der Kuppeln, welche der Kirche nun hinzugefügt wurden, am morgenländischen Stil orientierte. Im 13. Jahrhundert entstand der venezianisch-byzantinische Baustil, der mit seinen Zuckerbäckerschnörkeln, maurischen Dekorbögen und weich geschwungenen Ornamenten so typisch für Venedig ist. In jener Zeit mischte sich hier der verschwenderisch-opulente Look des Orients mit den strengeren gotischen Formen, denn diese feierten gerade im Norden Europas große Erfolge. In Venedig verschmolzen die beiden Architekturmoden zu einer einmaligen künstlerischen Symbiose.

Der Markusdom hatte sich nun zu einem wahrhaft prachtvollen Palast gemausert. Über dem Eingang erhielt er noch eine angemessene Loggia, und als diese 1254 fertiggestellt war, blickte der Doge Renier Zen zufrieden hinauf. Dort oben würde er von nun an bei allen Feierlichkeiten mit seinem Gefolge stehen und alles überschauen, was ihm zu Füßen lag. Und unten, vor dem Kirchenportal, könnten dann die Tauben freigelassen werden, die ihn bei ihrem Aufstieg gen Himmel glamourös umflattern würden. Wie großartig! Er seufzte tief bewegt, als er sich das erhabene Bild vorstellte.

Doch dann runzelte er die Stirn. Ihm war der unselige Barbarossa wieder in den Sinn gekommen, der dieses wunderbare Bauwerk, das Heiligtum des Evangelisten Markus, einst auf so blasphemische Art entwürdigen wollte.

Da kam ihm ein Gedanke. Vor dem Arsenal, dem venezianischen Flottenstützpunkt, standen die vier Pferde herum, die wenige Jahrzehnte zuvor in Konstantinopel erbeutet worden waren. Hier warteten sie darauf, im

Bedarfsfall eingeschmolzen zu werden, denn Bronze stellte einen hochbegehrten Rohstoff dar. Aber wäre das nicht ein Jammer? Diese Quadriga bestach durch außergewöhnliche Lebensnähe und Schönheit. Nein, er würde nicht zulassen, dass man sie einschmolz. Vielmehr sollte sie oben auf der Loggia des Markusdoms ihren Platz finden, dem ketzerischen Barbarossa zum ewigen Hohn! Da hätte er endlich seinen Pferdestall!

So kam es, dass die antike Quadriga dort aufgestellt wurde. Hier blieb sie, bis Napoleon auf seinem Feldzug durch Europa auch Venedig unterwarf und die vier Pferde in den Louvre schaffen ließ. Im Zuge des Wiener Kongresses korrigierte man den Fauxpas, 1815 kehrten die Rösser an ihren angestammten Platz zurück.

Sie sind das einzige erhaltene Vierergespann der Antike. Lange Zeit hieß es, sie seien für Alexander den Großen persönlich von dessen genialem Bildhauer Lysipp angefertigt worden. Doch dafür gibt es keinerlei Beweis. Tatsächlich weiß man nicht einmal, wie alt die Prunkstücke wirklich sind. Alles verdichtet sich dahingehend, dass sie im 4. Jahrhundert auf der griechischen Insel Chios gegossen wurden. Darauf ließen Metallanalysen schließen, als man die Pferde Ende der Siebzigerjahre des letzten Jahrhunderts vom Sockel holte, um sie gründlich zu restaurieren.

Jedes Exemplar ist 160 Zentimeter hoch, 875 Kilogramm schwer und aus nur zwei Teilen gegossen, wobei die Nahtstelle geschickt vom Geschirr verdeckt ist. Beim

Transport von Konstantinopel nach Venedig montierte man die Köpfe ab, beim Wiederzusammenfügen hat man sie vertauscht. Ursprünglich wandten die Rösser ihre Häupter nicht in intimer Zutraulichkeit einander zu, sondern eher angriffslustig nach außen. Sie sind auch nicht aus Bronze, wie man vormals dachte, sondern aus fast reinem Kupfer hergestellt. Dieses Material hat man vergoldet und die Oberfläche dann mit feinen Ritzen überzogen, damit sie nicht zu sehr in der Sonne blendete und damit lebensechter wirkte.

Doch leider stellten die Restaurateure auch gravierende Schäden fest. Durch Witterungseinflüsse bildet sich auf der Oberfläche von Kupferlegierungen im Laufe der Zeit eine grünliche Patina. Diese ist aber nicht schädlich, sondern schützt ganz im Gegenteil das Metall vor der Verwitterung.

Doch spätestens seit Beginn der Industrialisierung und seit der massenhaften Motorisierung im vergangenen Jahrhundert mischten sich auch zunehmend neuartige Schmutzpartikel in die Luft, die im Zusammenhang mit Feuchtigkeit bei dem Metall chemische Reaktionen auslösen. Das kann zu vermehrter Korrosion bis hin zu Löchern führen. Die Quadriga zeigte bereits ein erschreckendes Ausmaß solcher Veränderungen, deshalb schaffte man die Pferde ins Innere des Doms, wo sich im oberen Bereich ein Museum befindet. Draußen auf der Loggia wurde eine Kopie der Quadriga aufgestellt.

Als ich nun dort im Museum vor der uralten Quadriga stehe, geht es mir ganz so, wie es dem flämischen Kreuzritter einst ergangen sein mag. Bewegt vor Ehrfurcht betrachte ich die stolzen Rösser. Sie sind von geradezu atemberaubendem Naturalismus. Fast scheint man die Zuckungen der kraftvollen Muskeln unter der grüngoldenen Haut zu spüren, das Rauschen des heißen Blutes in den hervortretenden Adern.

Welch grandiose Kunstfertigkeit war dem antiken Meister zu eigen, der dieses Wunderwerk einst schuf? Und welch ein Segen für uns, dass diese vier Prachtexemplare die Wirren der Zeiten überstanden haben und uns auch heute noch immer davon erzählen können!

SPAGHETTINI GRATINATI AL PROSCIUTO – NACH EINEM NUDELREZEPT AUS HARRY'S BAR

Zutaten für 4 Personen: *400 g Spaghettini, 200 g Erbsen (tiefgekühlt), 250 ml Milch, 120 g magerer gekochter Schinken, 100 g geriebener Parmesan, 2 El Mehl, 100 g Butter, Muskatnuss, Salz, Pfeffer*

Zubereitung: *Den Schinken in dünne Streifen schneiden. 30 g Butter in einer Pfanne zerlassen, den Schinken hinzugeben und bei milder Hitze unter Rühren zwei Minuten lang braten.*

Die Spaghettini in kochendem Salzwasser 2 Minuten lang garen, dann in ein Sieb abgießen, zu dem Schinken in die Pfanne geben und gut vermischen.

50 g Butter in einem Topf schmelzen, das Mehl hinzugeben und kurz anschwitzen, danach mit der Milch ablöschen und unter Rühren mit dem Schneebesen bei mittlerer Hitze eine sämige Sauce erstellen. Mit Salz, Muskatnuss und Pfeffer würzen und die Erbsen hinzugeben. 5 Minuten lang unter Rühren bei milder Hitze köcheln lassen, dann vom Herd nehmen und die Hälfte des Parmesan sowie die Spaghettini einrühren.

Nun alles in eine Auflaufform füllen und mit dem restlichen Parmesan bestreuen. Die restliche Butter in Flöckchen daraufsetzen.

Die Grillfunktion des Backofens einschalten und das Ganze ca. 4 Minuten lang bei 220°C gratinieren.

MONTGOMERY – MARTINI NACH EINEM REZEPT AUS HARRY'S BAR

Zutaten: *10 cl Gin, 1 cl Noilly Prat Dry (oder ein anderer trockener Wermut), Eiswürfel*

Zubereitung: *In einen Cocktailshaker einige Eiswürfel geben und dann die anderen Zutaten daraufgießen. Kurz schütteln, in ein eisgekühltes Cocktailglas abseihen und eiskalt genießen.*

Ernest Hemingway *hat diesen Martini „Montgomery" getauft, denn er behauptete, der englische General Montgomery, einer der populärsten Heerführer des Zweiten Weltkriegs, ziehe nur in die Schlacht, wenn das Verhältnis seiner Soldaten zu denen des Feindes 15:1 betrage. Exakt in diesem Verhältnis trank Hemingway seinen Montgomery in Harry's Bar. Heute wird dort der Montgomery aber im Verhältnis 10:1 gemixt, die Cocktails werden vor dem Servieren noch einmal kurz mitsamt Cocktailglas angefrostet.*

Buon mercato! – Eindrücke vom Rialtomarkt

Es verspricht ein sonniger Tag zu werden, als ich eines frühen Morgens durch das Sestiere San Polo schlendere. In einer kleinen Bar habe ich einen Espresso im Stehen getrunken, so wie man das in Italien eben macht. Während nun das milchige Morgenlicht über dem Canal Grande langsam von einem zunehmend klareren Leuchten verdrängt wird, biege ich in die Ruga dei Oresi ein. Sie ist eine der Hauptstraßen des Viertels und führt zum Rialtomarkt, dem uralten Handelsplatz von Venedig.

Schon sind die Händler fast damit fertig, ihre Stände aufzubauen und dort vielerlei Obst und Grünzeug hübsch und einladend zu drapieren. Ich staune über die Mannigfaltigkeit der angebotenen Gemüse, manch ein Gewächs scheint mir fremd und exotisch. Der Radicchio sieht aus wie ein Tintenfisch, der seine dicken Tentakel ineinander verschlingt. Die kleinen Artischocken sind von einem ungewöhnlich dunklen Rotgrün, und üppige Bündel grellroter Peperonischoten sind zu wahren Bergen aufeinandergetürmt. Maronen drängen sich an Granatäpfel, die groß wie Kinderköpfe sind, pralle Tomaten liegen neben allerhand Wurzelgemüse und grünem Blätterwerk, von dem ich beim besten Willen nicht sagen könnte, was es ist.

Ein alter Mann hat auf einem Schemel Platz genommen, vor sich einen Eimer mit Wasser und neben sich eine Kiste Artischocken. Nun befreit er das Gemüse im Akkord von Stachelblättern und Stielen. Immer mit einem fröhlichen Lachen im Gesicht grüßt er dabei die Vorbeigehenden, wechselt hier und da ein paar Worte und lässt doch nie von seiner konzentrierten Arbeit ab. Bei ihm kann der eilige Küchenchef schon fertig geputzte Artischocken kaufen, auf Wunsch auch nur die schmackhaften Böden, allen lästigen Drumherums bereits entledigt.

Im Nu füllen sich jetzt die Gassen zwischen den Ständen, und da sind sie, die echten Venezianer. Hier auf dem Mercato di Rialto kaufen sie ein. Denn die Waren sind immer frisch und von allerbester Qualität, dabei sind die Preise völlig moderat. Ich staune. Ein Stück Alltag, ein Stück Lebensnormalität, und das mitten in Venedig, nur einen Steinwurf von der Rialtobrücke entfernt. Hier lebt Venedig, hier wird gewuselt, gehandelt, probiert und gekauft. Auf dem Rialtomarkt finden die Bewohner der Stadt noch eine Insel der Heimat im Meer aus Touristen. Ich stelle mir die Leckereien vor, die später in den heimischen Küchen zubereitet werden, verborgen hinter den Mauern der Palazzi. Und ich wünschte, ich könnte den Köchen dabei über die Schultern schauen.

Die höher steigende Sonne lässt die knallroten Vorhänge aufglühen, hinter denen sich die Fischmarkthalle verbirgt. Und dort staune ich erst recht beim Anblick all der vielen glänzenden Meeresbewohner, die hier auf Kisten voller Eiswürfel ausgebreitet sind. Kleine rote Filets und rosige Scheiben vom Thunfisch neben einem Haufen Scampi, fleischig-rosa Plattfische neben einem Schwarm silberner Schuppentiere. Die schönen Kammmuscheln, „cappesante", sind so ebenmäßig geformt wie die Fächer spanischer Flamencotänzerinnen. Grau-schleimige Tintenfische liegen bei großen blassrosa Garnelen, die mich aus toten Augen ausdruckslos anstarren. Eine orange-goldene fischige Schönheit ruht neben etlichen grauen Exemplaren, deren Mäuler wie zum stummen Vorwurf weit geöffnet sind. So weit wie der Mund des kleinen Jungen, der neben dem Stand steht und den exotischen Totentanz bestaunt, während sein Vater ein medizinballgroßes Bündel Muscheln für nur zwei Euro erwirbt. Ich schwanke zwischen Faszination und Grusel.

Der Rialtomarkt ist seit Jahrhunderten der wichtigste Handelsplatz der Stadt. Wir wissen bereits, dass die hiesige Insel etwas höher aus der Lagune herausragt und deshalb besseren Schutz vor Hochwasser bietet. Schon in Venedigs frühen Tagen existierten deshalb hier ein Fisch- und ein Gemüsemarkt. Weil aber direkt neben dem Marktplatz der Canal Grande verläuft, bot es sich an, auch den Im- und Export an diesem Ort zu regeln. Gleich gegenüber entstand der für diese Geschäfte äußerst wichtige Fondaco dei Tedeschi.

Aus dem Handel mit größeren Warenmengen entwickelte sich schon bald eine florierende Rohstoffbörse. Über all den Geschäften wachte stets der venezianische Staatsapparat, der hier in Regierungsgebäuden präsent war. Kein Säckchen Hirse, keine Korbflasche voll Öl, kein Bündel Bohnen wechselte den Besitzer, ohne dass die Beamten eine Steuerabgabe kassierten. Die Bürger von Venedig kauften im staatlichen Magazin und durften jeweils nur die Menge erwerben, die sie innerhalb eines Monats aufbrauchen konnten. Auf diese Art verhinderte die Regierung, dass ausgefuchste Leute Hamsterkäufe tätigten und damit eine Verknappung bestimmter Lebensmittel herbeiführten, um dann ihre Vorräte zu überteuerten Preisen wieder auf den Markt zu bringen.

Doch eines Tages ereignete sich Schreckliches. Niemand konnte hinterher sagen, wie es dazu kam, aber auf der Rialtobrücke, die damals noch aus Holz bestand, brach 1514 ein Feuer aus. Hätte man schnell gehandelt und den Brand beherzt gelöscht, so wäre alles vielleicht gar nicht so schlimm geworden. Statt die Flammen zu löschen, war jedoch ein jeder zunächst eilig darauf bedacht, sein eigenes Hab und Gut in Sicherheit zu bringen. Die hölzerne Brücke mit allen darauf befindlichen Läden brannte wie Zunder, und schnell griff das Feuer auf das Rialto-Viertel mit den Regierungs- und Marktgebäuden über. Verzweifelt rannten die Besitzer von Läden, Tavernen und Palazzi umher, um ihre Habseligkeiten zu retten. So verging viel zu viel kostbare Zeit, bis endlich jemand auf die Idee kam, die Arbeiter vom Flottenstützpunkt Arsenal zu Hilfe zu rufen. Eine Berufsfeuerwehr existierte damals nämlich noch nicht. Und bis die Arbeiter schließlich eintrafen, brannte das gesamte Rialto-Viertel schon lichterloh. Venedigs schöner Marktplatz war zerstört.

Die Ratsversammlung, die sogenannte „Signoria", traf unverzüglich Entscheidungen und machte sich an einen gezielten Wiederaufbau. Ließ sich nicht aus der kompletten Vernichtung aller Marktgebäude auch ein Vorteil ziehen? Jetzt konnte man ja auf dem freien Areal statt des früheren Wirrsals einen gut geplanten und durchstrukturierten Komplex anlegen!

Also machte man sich an die Arbeit. Die Stände mit schnell verderblichen Waren wie Käse, Gemüse und Fischen wurden ans Ufer des Canal Grande verlegt, wo Abfälle schnell entsorgt und störende Gerüche leichter vom Wind davongetragen werden konnten. Läden mit wertvollen Gütern, zum Beispiel Gold- und Silberschmieden sowie Gewürzhandlungen, fanden auf der – zunächst noch für einige Jahrzehnte aus Holz – wiedererbauten Rialtobrücke und entlang der daran anschließenden Straße Platz. Der neu erbaute Campo San Giacomo di Rialto bot Raum für die Finanzdienstleister, die oberen Etagen bezogen die städtischen Behörden.

Die Geldagenten nahmen schon seit geraumer Zeit eine zunehmend wichtige Position ein. Denn am Ufer des Canal Grande legten in Rialto die ausländischen Handelsschiffe an. Jedes einzelne wurde zunächst von den Zöllnern kontrolliert, danach mussten die Waren schnellstmöglich gelöscht werden. Es ging zu wie in einem modernen Containerhafen, die Liegezeit war kostbar und wurde von den Behörden durch hohe Gebühren streng begrenzt.

Doch um mit den Waren Handel betreiben zu können, mussten ausländische Devisen getauscht werden. Dazu hatten die Geldwechsler schon ab dem Spätmittelalter ihre Waagen auf Bänken ausgebreitet, und nun wissen wir auch, wie der Begriff „Bank“ entstanden ist. War der Finanzdienstleister kein guter Geschäftsmann, konnte es vorkommen, dass er pleiteging: „banca rotta“ – „Bank kaputt“, oder schlicht und ergreifend „Bankrott“.

Um das zu vermeiden, schlossen sich die reichen Kaufleute zum „Porticato del Banco Giro“ zusammen, was man frei als „Laubengang des herumkreisenden Geldes“ übersetzen könnte. Im Portikus des Campo San Giacomo blieben die Herren unter sich. Von langen schwarzen Capes umweht regelten sie hier den Handel mit kostbaren Spezereien unter sich, wickelten ihre Bank- und Kreditgeschäfte ab und trugen im Übrigen dafür Sorge, dass die Kontrolle über den Handel am Rialtomarkt in ihren elitären Händen blieb. Fremden Händlern aus anderen oberitalienischen Städten wurden gesonderte, gut kontrollierte Plätze zugewiesen. Sie erhielten eigene Handelshäuser, so wie die Deutschen bereits mit dem Fondaco dei Tedeschi eines besaßen. Und jegliche Handwerks- oder Industriebetriebe wurden strikt vom Rialto ferngehalten. Dieser Ort sollte ausschließlich dem Handel vorbehalten bleiben, Lärm und

Schmutz verursachende Produktionen hatten da keinen Platz.

Ein stummer Zeuge der Strenge und Unnachgiebigkeit dieser Handelsherren vom Campo San Giacomo ist noch heute „il Gobbo di Rialto“, der „Bucklige von Rialto“. Er ist nackt und in Stein gemeißelt, auf Knien hingebückt trägt er die Last eines schweren Steines auf dem Rücken. Von diesem Stein aus wurden Proklamationen abgehalten und neue Gesetze der Republik Venedig verkündet. Aber auch die Namen von Gesetzesbrechern und Straftätern gab man hier öffentlich bekannt.

Delinquenten, die sich nur einen kleineren Verstoß hatten zuschulden kommen lassen, entgingen einer schweren Bestrafung wie Kerkerhaft oder Schlimmerem. Sie kamen mit einer Disziplinarmaßnahme davon, bei welcher der Gobbo eine zentrale Rolle spielte. Die Bürger Venedigs legten dazu ihre Handschuhe ab und reihten sie entlang der Straßen aneinander, die von der Piazza San Marco zum Rialtomarkt führen. Der Missetäter musste sich komplett entblößen und zum Gespött der Zuschauer den ganzen Weg entlang der Handschuhe laufen, um an dessen Ende demütig den Gobbo zu küssen. Ich kann mir vorstellen, dass sich angesichts der Bedrohung durch eine derart schwere Blamage manch einer wohl lieber von vornherein an die Gesetze gehalten hat.

Gegen Ende des 19. Jahrhunderts änderten sich die Bedingungen am Rialtomarkt zusehends. Der Einfluss der reichen Kaufleute schwand, der Handel verlagerte sich mehr und mehr hin zu geräumigeren Anlegestellen, später zu größeren Hafenanlagen außerhalb der Altstadt. Um für die Bürger dennoch attraktiv zu bleiben, erfuhr der Rialtomarkt einige Modernisierungen und Umgestaltungen. Als wesentlichste Neuerung kam 1907 am Ufer des Canal Grande die „Pescheria" – die Fischmarkthalle – hinzu. Sie wurde standesgemäß im venezianisch-byzantinischen Stil errichtet, ihr Aussehen basiert auf einem alten Entwurf des Malers Carpaccio.

Der Fischmarkt von Rialto gilt als einer der schönsten der Welt. Trotzdem habe ich diese Halle mit ihrem geruchsintensiven Panoptikum des Meeres inzwischen wieder verlassen. Ich muss gestehen, dass ich mich unter dem frischen Obst und Gemüse weitaus wohler fühle. Hier herrscht eine berauschende Sinfonie aus tausenderlei Düften und Farben. Viele der Produkte stammen von der Gemüseinsel Sant'Erasmo, die im Osten der Lagune zwischen Murano und der Halbinsel von Cavallino liegt. Schon seit jeher dient diese Insel der Versorgung der Stadt, berühmt sind die in ihren Gärten gezogenen jungen Artischocken, die „castraure di Sant'Erasmo", und die „spareselle", bleistiftdünne, geschmacksintensive grüne Spargelstangen.

Ich wünschte bloß, ich könnte etwas von der verführerischen Pracht mitnehmen, doch leider hat mein Zimmer in Todaros Palazzo keine Küche. Ob ich trotzdem eine

Tüte Artischocken und Radicchio kaufe? Todaro weiß doch bestimmt, was damit zu tun ist! Und wer weiß, vielleicht lädt er mich ja zum Probieren ein?

Radicchio fritto – gebratener Radicchio

Zutaten für 4 Personen: *4 kleine Radicchio-Köpfe, 150 ml Weißwein, 30 g Sultaninen, 30 g Pinienkerne, 3 El Olivenöl, 3 El Balsamico, Salz, Pfeffer*

Zubereitung: *Die Sultaninen 30 Minuten lang in lauwarmem Wasser einweichen, dann gut ausdrücken. Die Radicchio-Köpfe waschen und putzen, welke Blätter entfernen und die Köpfe gut abtropfen lassen. Nun die Köpfe längs vierteln, dabei aber die einzelnen Köpfe unten am Stiel nicht auseinanderschneiden, sondern verbunden lassen. Den Stielansatz gut putzen, die Radicchio-Köpfe mit Salz und Pfeffer würzen. In einer großen Pfanne das Öl erhitzen und die Köpfe hineinlegen, dabei jeweils etwas auseinanderfächern. Mit dem Wein ablöschen, die Sultaninen und die Pinienkerne hinzugeben, mit dem Deckel verschließen und 10 Minuten bei mittlerer Hitze garen lassen. Dann den Deckel entfernen, die Hitze erhöhen, den Balsamico über den Radicchio träufeln und alles köcheln lassen, bis die Flüssigkeit eingedickt ist. Mit knusprigem Brot oder als Beilage zu Fleisch- oder Fischgerichten servieren.*

Besonders gut ist für dieses Gericht der ***Radicchio di Treviso*** *geeignet, auch Tardivo genannt, den ich auf dem Rialtomarkt gesehen habe. Seine Köpfe muss man vor dem Braten nicht vierteln, weil sie aus langen, schmalen Blättern mit dicken Rippen bestehen, die sich zu lockeren Köpfen zusammenfügen. Der Radicchio di Treviso ist aber in Deutschland eher selten erhältlich.*

Auf der Flucht – der Getriebene von Venedig

Rüde schubste Matteo Varutti, der Polizeichef von Venedig, seinen Gefangenen durch den Gang. Er ließ es sich nicht nehmen, den verabscheuenswürdigen Delinquenten persönlich über die Seufzerbrücke in die Bleikammern des Dogenpalasts zu geleiten. Diese Brücke verband den Gerichtssaal mit dem Gefängnis, und von hier aus mochte der Gefangene seufzend einen letzten Blick auf den blauen Himmel und das Wasser der Lagune erhaschen, einen Blick auf die Freiheit, die er soeben eingebüßt hatte.

Denn sein Urteil lautete auf Kerkerhaft. Für viele Jahre würde er in den Bleikammern schmachten müssen, kleinen Gefängniszellen direkt unter dem mit Bleiplatten gedeckten Dach des Dogenpalasts.

Nur ein winziges Gitterfenster in der Eingangstür zum Zellentrakt sorgte hier für einen Luftaustausch. Weil die Zellen nicht beheizt waren, wurde es im Winter schnell bitterkalt. Im Sommer aber brannte die Sonne erbarmungslos auf das Metalldach, die Hitze in den Kammern glich der Höllenglut. Hinzu kamen die kaninchengroßen Ratten, die sich dort oben auf dem Dachboden herumtrieben.

Die Bleikammern waren ein Ort des Grauens. Wen sein Urteil hier hineinverbannte, der war verloren. Der mochte neidvoll an die glücklicheren Delinquenten denken, die mit der milden Sühne eines Spießrutenlaufs zum Gobbo davonkamen.

Es gab keine Möbel, nichts zu essen und nichts zu trinken. Für solcherlei Annehmlichkeiten mussten die Häftlinge selbst Sorge tragen, und verfügten sie nicht über die nötigen Mittel, so mussten sie eben elendiglich verschmachten. Aber dieser Taugenichts, den Polizeichef Varutti nun in sein Dachverließ brachte, würde sich schon zu helfen wissen. Schließlich war der Halunke ja bisher immer irgendwie zurechtgekommen.

Der unglückliche Bursche, hinter dem Varutti mit sichtlicher Genugtuung die Zellentür verriegelte, hatte erst zwei Monate zuvor, am 2. April 1755, seinen dreißigsten Geburtstag gefeiert. Er war der Sohn zweier Schauspieler, die schöne Mutter, bekannt als „La Buranella", feierte riesige Erfolge am venezianischen Teatro San Samuele. Weil sie sich außerdem stets auf Tournee befand, wuchsen ihre sechs Kinder bei der Großmutter auf.

Ihr Sohn, der jetzt in den Bleikammern saß, bereitete der Großmutter zunächst viel Kummer, denn er zeigte sich als kränkliches Kind. Noch mit acht Jahren konnte er weder lesen noch schreiben. Oft genug stand der zarte Knabe am Abgrund des Todes. Doch irgendwann siegte sein Lebenswille über die labile Gesundheit. Er entwickelte eine geradezu verbissene Energie. War er eben noch ein tumber Schwächling gewesen, so schloss er schon mit 17 Jahren ein Studium an der Universität Padua mit dem Titel eines

Doktors der Rechte ab. Darüber hinaus verfügte er inzwischen über das für die damalige Zeit buchstäblich herausragende Gardemaß von 1,90 Metern. Und er sah dabei auch noch verteufelt gut aus.

Doch die Großmutter konnte das alles nicht zufriedenstellen. Als fromme Frau wünschte sie sich eine geistliche Laufbahn für ihren Enkel, und pflichtschuldigst ließ er sich die niederen Weihen erteilen, um eine Tätigkeit als Priester in Venedig aufzunehmen.

Das Korsett aus strengen Regeln, welches diese Aufgabe mit sich brachte, quälte den jungen Mann über alle Maßen. Er war ein aufgeweckter Freigeist, und das Streben nach Freiheit sollte eine seiner wichtigsten Antriebskräfte werden. Deshalb brach er aus den Konventionen aus, verließ Venedig und begab sich auf Reisen. Er begegnete vielen interessanten Menschen, die er mit seiner ausgesprochenen Eloquenz beeindruckte, und er lavierte sich von einem Geschick zum nächsten, indem er mit der Wahrheit genauso großzügig umging wie mit den Geldern, die er unterwegs auf unterschiedlichste Art erlangte. Sein verschwenderischer Lebensstil erregte schon bald großes Aufsehen.

Des Herumreisens schließlich überdrüssig, kehrte er in seine Heimatstadt zurück und verdingte sich als Orchestergeiger am Teatro San Samuele. Doch seinen opulenten Lebenswandel stellte er genauso wenig ein wie sein selbstgefälliges Auftreten. Dank seines bubenhaften Charmes fand er stets neue großzügige Gönner. Auch traf er sich mit dubiosen Ausländern, missachtete die Fastenpflicht – angeblich, weil der Papst persönlich ihm die Ausnahme genehmigt hatte – und trat darüber hinaus auch noch den Freimaurern bei.

Kein Wunder, dass die venezianische Staatsinquisition schon bald auf ihn aufmerksam wurde. Man stellte ihn unter Beobachtung und ergriff die erste sich bietende Gelegenheit, den missliebigen Kerl verhaften zu lassen. Was genau man ihm dabei vorwarf, ist nicht überliefert. Doch in den als ausbruchssicher geltenden Bleikammern sollte der nonkonformistische Störenfried nun fürs Erste sicher verwahrt hinter Schloss und Riegel bleiben.

Da hatte die Staatsinquisition den Freiheitsdrang ihres Gefangenen allerdings deutlich unterschätzt. Weit davon entfernt, sich in sein Schicksal zu fügen, machte er sich unablässig Gedanken über die Flucht.

Ein Freund hatte ihm eine Ausgabe des Romans „Orlando furioso" – „Der Rasende Roland" – von Ludovico Ariosto ins Gefängnis gebracht. Dieses Werk war erst wenige Jahre zuvor von Antonio Vivaldi, einem anderen Sohn der Stadt, als Oper vertont worden. Während seiner Zeit als Orchestergeiger hatte der Gefangene die Aufführungen dieser Oper im Teatro San Samuele musikalisch begleitet. Die fantastische Geschichte verzauberte ihn. Ihre magische Kraft musste doch auch ihm Rettung bringen können!

Bei seinen Grübeleien nahm er deshalb dieses Buch als Orakel zu Hilfe. Jedes Mal, wenn sich ihm eine Frage stellte, schlug er das Buch an beliebiger Stelle auf, und was immer dort gerade geschrieben stand, nahm er als Antwort. Fünfzehn Monate verbrachte er mit der sorgfältigen Planung, ganz, wie der Roman es ihm geraten hatte: „Reiflich Erwägen muss das Handeln lenken, ein Kopfzerbrechen braucht es, lang Bedenken."

Doch unaufhaltsam strebte er seinem Ziel entgegen. Er feilte sich schließlich ein Metallstück zurecht, mit dem er in einer mondlosen Nacht die Bleiplatten des Dachs soweit aufbog, dass er hinaus ins Freie gelangte. Von dort kletterte er auf halsbrecherische Art ein Stück die Fassade abwärts, schlüpfte etwas weiter unten durch ein offenes Fenster wieder in den Dogenpalast hinein und gelangte in einen nächtlich leeren Saal.

Wagemutig zog er die Vorhänge zurück und winkte der Wache, die unten auf der Straße patrouillierte. Der Mann öffnete die Pforten und eilte hinauf, in der irrigen Annahme, es handle sich um einen Gast des großen Balls vom Vorabend. Berauscht vom Wein hatte dieser wohl das Ende des Fests in einer Ecke verschlafen und fand sich nun allein im verschlossenen Palast. Eine missliche Lage, aus welcher der verständnisvolle Wachmann den späten Gast nur zu gerne befreite.

Mit einer Gondel ließ sich der Flüchtende noch in derselben Nacht aufs Festland bringen, wo er sich tolldreist im Haus eines Polizisten einquartierte, bis er nach München weiterfloh und um Asyl beim dortigen Kurfürsten ersuchte.

Jahre später sollte er einen Abenteuerroman darüber verfassen, wie ihm die Flucht aus den Bleikammern gelang. „Geschichte meiner Flucht“ heißt das Werk, und der Autor trägt den klangvollen Namen Giacomo Casanova.

Doch Casanova sollte weder als Schriftsteller noch als Geiger, als Freimaurer, als Spieler oder als Ausbrecherkönig in die Geschichte eingehen. Und doch hatte er das Zeug zu alldem. Allein seine Autobiografie, die er gegen Ende seines Lebens verfasste, zählt rund 4.000 Seiten. Daneben schrieb er etliche Romane. Seine Schlauheit und skrupellose Dreistigkeit ließen ihn zu einem der drei Gründer der französischen Staatslotterie werden. Neben den Büchern ist diese Lotterie eine seiner Schöpfungen, die bis zum heutigen Tage existiert.

Sein ausgeprägter venezianischer Geschäftssinn verleitete ihn dank seiner nicht minder stark ausgeprägten Kaltschnäuzigkeit aber auch zu Schwindel, Betrug und anderen kriminellen Machenschaften. Von einer gealterten Adelsdame ergaunerte er Unsummen mit dem unerhörten Versprechen, ihr dank wundersamer Tränke die Jugend zurückzuschenken. Solche Umtriebe waren es, die ihm im Laufe seines Lebens noch fünf weitere Gefängnisaufenthalte einbringen sollten.

Doch was ihm zu legendärem Ruhm verhalf, waren seine ungezählten Frauengeschichten. In seinen Memoiren erwähnt er 116 davon, doch sind es womöglich noch weitaus mehr gewesen. Seine Verführungskunst entwickelte er zur äußersten Perfektion, er umgarnte und umschwärmte die Frauen mit unwiderstehlichem Charme, verstand es, sie mit hinreißendem Liebesgeflüster so vollständig zu betören, dass ihm die Frauenherzen reihenweise zuflogen. Dabei verehrte er die Auserwählten, jede einzelne pries er später voll inbrünstiger Hochachtung. Doch hatte er sie erst erobert, verlor er sein Interesse schnell. Auch hier mag er in Ariostos Roman vom Rasenden Roland Bestätigung gefunden haben, denn dort heißt es: „O Männersinn, unstet und leicht beweglich! Wie sehr ist unsere Laune wechselvoll!" Casanovas Leidenschaft war die Jagd, der Drang, zu erobern. Er war ein Gehetzter und Getriebener, der rastlos von einer Buhlschaft zur nächsten eilte und doch weder körperliche noch seelische Befriedigung jemals vollständig erlangen konnte.

Die Stadt Venedig bestrafte ihn nach seiner Flucht aus den Bleikammern mit lebenslänglicher Verbannung. So trieb es ihn in den darauffolgenden Jahren durch ganz Europa, wo er mit den Prominenten seiner Zeit zusammentraf. In Wien begegnete der Freimaurer Casanova seinem Glaubensbruder Wolfgang Amadeus Mozart und versuchte – erfolglos – das Libretto von Don Giovanni zu verändern. Er besuchte Voltaire in Genf, traf Papst Clemens XIII. in Rom, bewarb sich bei Friedrich dem Großen in Schloss Sanssouci um eine Stelle, erhielt Audienz bei Katharina der

Großen in Sankt Petersburg, die sich jedoch nicht von ihm bezirzen ließ. Er duellierte sich mit einem Grafen in Polen, geriet in amouröse Verwicklungen in Barcelona und verliebte sich in England in eine 18-Jährige, die ihn abblitzen ließ. Das trieb ihn fast in den Selbstmord.

Eine kleine Geschichte mag beispielhaft für Casanovas Liebesleben stehen. Zur Karnevalszeit des Jahres 1760 kam er nach Köln. Ganz Lebemann ließ er sich zum Maskenfest einladen, und die Kölner staunten nicht schlecht über den mit kostbaren Spitzen, Schmuckgehänge und duftender Pomade fein herausgeputzten Venezianer. Ihm selbst mag es anders gegangen sein, denn er beschreibt Köln später als „hässliche Stadt". Und doch sollte er eine reizvolle Entdeckung machen, denn Mimi, die 25-jährige Bürgermeistersgattin, hatte es ihm schon sehr bald angetan. Er umgarnte sie mit seiner altbewährten Kunst, und schnell schmolz sie dahin. Doch wie sollten die beiden nun zu einem Schäferstündchen zusammenkommen, wo sie überall unter Beobachtung standen?

Casanova erlangte seinen Ruhm auch dafür, dass er in solchen Situationen immer eine List erdachte. Der Bürgermeister und seine Frau lebten in einer Wohnung, die der Elendskirche im Süden der Stadt angeschlossen war. Vom Innenraum der Kirche führte eine Tür zu dieser Wohnung. So versteckte sich Casanova eines Abends im Beichtstuhl und ließ sich in der Kirche einsperren. In der Nacht schlich er ins Treppenhaus der Wohnung, wo Mimi ihn, wie er in seinen Memoiren behauptet, fünf ermüdende Stunden lang auf sich warten ließ. Doch ganze sieben Stunden, so fährt er weiter fort, währte das darauffolgende Liebesspiel. Es mag wohl eine aufregende Nacht gewesen sein, während derer ihm sein Zeitgefühl etwas durcheinandergeriet. „Erschöpft, aber nicht gesättigt, verließ ich sie mit Tagesanbruch“, so notierte er später. Da war er längst weitergezogen, immer auf der Suche nach einer Sättigung, die er nie fand.

In Venedig rehabilitierte man den inzwischen äußerst prominenten Sohn der Stadt schließlich. 1785 kehrte er zurück, doch auch hier kam er nicht zur Ruhe. Seine letzten Jahre sollte er auf Schloss Dux in Böhmen zubringen, wo er eine Stellung als Bibliothekar antrat. Er widmete sich dabei in erster Linie seinen eigenen Schriften. Als zurückgezogen und vergrämt schildern Zeitgenossen ihn in dieser Zeit, als mürrischen alten Mann, der an allem etwas auszusetzen hatte, stets unzufrieden und verbittert.

Als er 1798 im Alter von 73 Jahren starb, machte sich sein Neffe daran, einen Verleger für die umfangreichen Memoiren zu finden. Friedrich Arnold Brockhaus griff zu und ließ das Werk in Leipzig auflegen, nachdem er es aus dem französischen Original ins Deutsche hatte übersetzen lassen. Die erotisch allzu delikaten Stellen ließ er dabei streichen, trotzdem stieg die Biografie europaweit zum Beststeller auf. Beflügelt von so viel Erfolg wagte man sich einige Jahre später doch noch an eine unzensierte Übersetzung des Originals. Dieser neue Übersetzer aber schoss weit über das Ziel hinaus und formulierte Casanovas Äußerungen freimütig neu. Vormals sachliche Schilderungen sexueller Praktiken erschienen nun im anrüchigen Dunst wollüstiger Schlüpfrigkeit, was den Verkaufszahlen durchaus zuträglich war. Tatsächlich schuf diese tendenziöse Übersetzung das bis heute existierende Bild von Casanova als rücksichtslosem und sexbesessenem Lustmolch, als durchtriebenem Galan, der die Frauenherzen reihenweise brach und dabei doch nichts anderes als seine schnelle Triebbefriedigung im Sinn hatte. Diese einseitige Darstellung wird Casanova jedoch nicht gerecht. Tatsächlich ist er ein Geplagter gewesen, der zeitlebens keine innere Ruhe finden konnte. Er blieb ein ewig Suchender, ohne vielleicht selbst zu wissen, was das Ziel seiner Wünsche überhaupt darstellte.

Erst 1960 erschien eine originalgetreue Übersetzung seiner Memoiren. Casanovas handschriftliches Manuskript erwarb 2010 der französische Staat für siebeneinhalb Millionen Euro. Das machte es zum teuersten Manuskript aller Zeiten. Warum die Franzosen so viel Geld in das Werk eines Venezianers investierten, bleibt rätselhaft. Vielleicht wird dem großen Kavalier im Land von „amour“ und „passion“ ganz besondere Bewunderung zuteil. Vielleicht ist es auch eine Verbeugung vor der eigenen Größe. Denn Casanova nahm gezielt Sprachunterricht, um sein Werk auf Französisch verfassen zu können. Dies, so sagte er, habe er getan, „weil die französische Sprache verbreiteter war als meine eigene." Und offensichtlich ist es ihm ein Anliegen gewesen, seinen Lebens- und Leidensweg vor einer möglichst zahlreichen Leserschaft auszubreiten. Die tragische Geschichte eines unglücklichen Mannes, der nie zufrieden war.

Torta Venezia – Venezia-Torte

Zutaten: *350 ml Sahne, 250 g Mascarpone, 150 g Mehl, 3 Eier, 150 g Butter (zimmerwarm), 100 g Zucker, 2 Pck. Vanillezucker, 1 Pck. Sahnesteif, 1 Tl Backpulver, 60 ml Mandellikör, 40 g geraspelte Schokolade, Kakaopulver, Salz, Butter für die Backform*

Zubereitung: *Die Eier in Eiweiß und Eigelb trennen. Die Eiweiß mit einer guten Prise Salz sehr steif schlagen. Die Eigelb mit der Butter, 20 g Zucker und 3 El lauwarmem Wasser mit dem Handrührgerät schaumig aufschlagen. Das Mehl hinzusieben und zusammen mit dem Backpulver daruntermischen. Zum Schluss den Eischnee mit einem Schneebesen vorsichtig unterheben. Eine Springform gut mit Butter einfetten und den Teig hineinfüllen. Den Backofen auf 180°C vorheizen und den Teig 20 Minuten lang backen. Danach vollständig auskühlen lassen und auf eine Tortenplatte setzen.*

Die Sahne zusammen mit Sahnesteif und Vanillezucker steif schlagen. Die Mascarpone mit dem restlichen Zucker und dem Mandellikör cremig rühren, anschließend die Sahne vorsichtig unterheben.

Nun die Creme auf dem Tortenboden gleichmäßig verstreichen. Mit etwas Kakaopulver bestäuben, den Rand mit der geraspelten Schokolade bestreuen.

Verrückt nach Kunst und Künstlern – Peggy Guggenheim

Ein altes Foto zeigt eine dunkelhaarige Frau mit ernstem Blick. In ihrem Ausdruck liegt eine obskure, nicht greifbare Melancholie. Sie hat etwas Herbes an sich, sie ist keine Schönheit im klassischen Sinne. Trotzdem ist diese Frau die Königin der Boheme gewesen. Bedeutende Männer umschwärmten sie, und noch heute, viele Jahrzehnte nach ihrem Tod, schwingt mit dem Klang ihres Namens eine Aura von Glamour und Boheme: Marguerite Guggenheim, genannt Peggy.

Die große Kunstfreundin ist untrennbar mit Venedig verbunden, denn sie schenkte der Stadt das Peggy-Guggenheim-Museum im Palazzo Venier dei Leoni am Canal Grande. Neben der Galleria Internazionale d'Arte Moderna im Barockpalast Ca' Pesaro, der weiter nördlich ebenfalls am Canal Grande liegt, zeigt es die einzige große Ausstellung moderner Kunst in der Lagunenstadt.

„Alles in meinem Leben drehte sich um Kunst und Liebe", seufzte die legendäre Sammlerin kurz vor ihrem Tod im Alter von 81 Jahren. Und sie bekannte frei heraus, wie unglücklich sie ihr Leben lang gewesen sei. Denn ganz wie Giacomo Casanova blieb auch Peggy Guggenheim stets eine Getriebene. Aller Ruhm, aller Reichtum und alle erlesene Schönheit konnten ihr doch niemals die Zufriedenheit schenken, die sie so gerne erlangt hätte.

Vielleicht findet sich die Wurzel dieser Tragik in ihren frühen Jahren. Peggy Guggenheim wuchs mit zwei Schwestern in New York als Tochter eines schwerreichen Industriellen auf. Doch die behütete Kindheit in der aufblühenden Metropole nahm 1912 ein jähes Ende, als der geliebte Vater beim Untergang der Titanic ums Leben kam. Unbarmherzig wurde Peggy aus den Wolken ihrer Jungmädchenträume gerissen, sie zählte noch nicht einmal 14 Jahre.

Die Mutter konnte ihr keinen Trost geben. Denn Mrs. Guggenheim blickte im Zorn zurück auf ihren Mann. Er hatte die Reise auf der Titanic zusammen mit seiner Geliebten angetreten, und als der Luxusliner zu sinken begann, da half er dieser großmütig ins Rettungsboot und nahm sein eigenes tödliches Schicksal stoisch an. Man erzählte, er habe die beste Abendgarderobe angelegt, um sodann zu verkünden, dass er nun angemessen gekleidet sei und dem Untergang wie ein Gentleman entgegentreten könne. Dafür wurde er als Held gefeiert, die Szene wurde bei späteren Verfilmungen gerne aufgegriffen. Doch die betrogene Ehefrau wandte sich zutiefst gekränkt ab und sprach fortan kein gutes Wort mehr über den Verstorbenen.

Peggys Kummer konnte auch nicht durch das Erbe von 450.000 Dollar gemildert werden, ein Betrag, dem eine heutige Kaufkraft von rund 6,2 Millionen Euro entsprechen würde. Obwohl das eine beachtliche Summe darstellte, handelte es sich doch nur um einen verschwindend kleinen

Teil des väterlichen Vermögens. Deshalb betrachtete Peggy Guggenheim sich nun auch noch als verarmt.

Sie war eine intelligente und vielseitig interessierte junge Frau. Doch was nutzt das in einem Umfeld, das Frauen nur nach ihrem Äußeren bewertet und keine Wertschätzung für ihre intellektuellen Fähigkeiten aufbringt? Zumal, wenn kein liebender Vater an ihrer Seite steht, um ihr Selbstbewusstsein zu stärken, und die Mutter keine positiven Gefühle mehr für die Tochter ihres untreuen Mannes aufbringen kann? Die bedauernswerte Peggy litt nämlich unter einer viel zu großen, knollenhaften Nase. Ein Drama für eine junge Frau in einer Zeit wie den Zwanzigerjahren des letzten Jahrhunderts, die den androgynen Garçonne-Typ zum Schönheitsideal erklärte und eine Schlankheit der Linien forderte, die sich auch in den Gesichtszügen fortzusetzen hatte. Verzweifelt unterzog sich Peggy einer Nasenkorrektur, doch die Schönheitschirurgie steckte noch in den Kinderschuhen. Die Operation misslang, Peggys Leid war schlimmer als zuvor.

Um neuen Lebensmut zu finden, verließ sie die New Yorker Society und zog nach Paris. In den beginnenden Zwanzigerjahren pulsierte hier gerade das rauschhafte Leben der Boheme auf seinem Höhepunkt, und Peggy stürzte sich mitten hinein. Sie schloss Freundschaften mit Dichtern, Bildhauern und Malern, und es dauerte nicht lange, bis sie sich in einen davon verliebte. 1922 heiratete sie den Dadaisten Laurence Vail, der sich mit Persönlichkeiten wie James Joyce, Ernest Hemingway, Samuel Beckett oder Gertrude Stein umgab. Doch leider entpuppte Vail sich als Trinker. Im Rausch schlug er um sich, Peggy trennte sich wieder von ihm. Den gemeinsamen Sohn ließ sie zurück und behielt nur die Tochter bei sich.

Nun gab sie sich ganz den Ausschweifungen der Pariser Künstlerszene hin. Sie stürzte sich in eine Affäre nach der anderen, zu ihren Liebhabern zählten einige der größten Künstler jener Zeit. Doch die junge Frau, die sich nach außen hin stets als unabhängige, selbstbewusste Rebellin gab, fühlte sich zutiefst unglücklich. Mit manchen der Männer, so bekannte sie später, sei sie nur zusammen gewesen, weil sie sich so einsam fühlte. „Ich war wohl eine Nymphomanin", fügte sie hinzu. In einer Zeit, in der wirksame Verhütungsmethoden noch in weiter Ferne lagen, trug ihr dieser Lebenswandel sieben Abtreibungen ein.

Die dunkle Wolke über Peggys Dasein warf ihren finsteren Schatten auch auf das persönliche Umfeld. Ihre einzige wirkliche Vertraute, die ältere Schwester, starb bei der Geburt eines Kindes. Die jüngere Schwester hingegen büßte ihre geistige Gesundheit ein und tötete ihre beiden kleinen Kinder. Peggys eigene Tochter beging im Alter von 42 Jahren Selbstmord.

Und doch gab es eine lichte Seite in Peggy Guggenheims Welt. Der Kontakt zu so vielen Künstlern hatte ihr Interesse an deren Werken geweckt. Zwar war sie noch weit davon entfernt, eine Kunstkennerin zu sein, doch Samuel Beckett, mit dem sie Ende der Dreißigerjahre eine kurze, aber leidenschaftliche Affäre hatte, riet ihr, sich näher mit der Malerei zu beschäftigen. Das führte dazu, dass sie 1938 eine Galerie in London eröffnete.

Sie selbst kokettierte später damit, dass sie damals das eine Werk nicht von dem anderen zu unterscheiden vermochte. Dennoch schmückten die leeren Wände ihrer Ausstellungsräume schon bald die großen Avantgardisten jener Zeit, von Piet Mondrian über Wassili Kandinsky, Marc Chagall und Salvador Dalí bis hin zu Pablo Picasso. Doch vergebens. Niemand interessierte sich für diese Künstler, niemand wollte ihre Werke kaufen. Die Galerie brachte nur Verluste ein, Peggy gab auf und kehrte nach Paris zurück.

Hier herrschte inzwischen eine große Unruhe. Die Welt stand an der Schwelle zum Zweiten Weltkrieg, viele Künstler drängte es, Europa zu verlassen. Um die Ausreise finanzieren zu können, warfen sie ihre Werke zu Spottpreisen auf den Markt. Peggy, die im Konzeptkünstler Marcel Duchamp einen kundigen Berater gefunden hatte, schlug zu. Für 40.000 Dollar legte sie den Grundstein zu ihrer großartigen Sammlung moderner Kunst. Daraus stachen Namen wie Alberto Giacometti, Paul Klee, Max Ernst oder Joan Miró hervor.

Doch die Lage spitzte sich dramatisch zu. Männer wie Max Ernst wurden als „entartete Künstler“ diffamiert und verfolgt, andere, wie Marc Chagall, bangten um ihr Leben, weil sie jüdischer Abstammung waren. Auch Peggy Guggenheim entstammte einer jüdischen Familie, sie unterstützte die bedrängten Künstler großzügig.

Aber schon bald sah sie sich genötigt, ihre Kunstsammlung zusammenzupacken und selbst in die USA zu fliehen. In Kisten verstaut und als Hausrat deklariert verließen die Kunstschätze Europa im Hafen von Marseille. Peggy nahm Max Ernst mit und heiratete ihn bald darauf. In New York eröffnete sie eine Galerie, die schnell florierte. Mit den Erträgen finanzierte sie von nun an ihren luxuriösen Lebensstil zwischen rauschenden Festen und großen Auftritten. Die Ehe mit Max Ernst hielt allerdings nicht lange. Immer wieder lieferten die beiden sich heftige Streitereien in aller Öffentlichkeit. Schließlich begann Peggy eine Liaison mit ihrem alten Freund Duchamp, Max Ernst verliebte sich in eine andere. Sie ließen sich scheiden.

Als der Krieg endlich vorüber war, dauerte es nicht lange, bis ein Ruf aus Europa kam. Seit 1895 organisierte die Stadt Venedig eine internationale Kunstausstellung, die Biennale. Ursprünglich sollte die zeitgenössische italienische Kunst hier ein Podium finden, doch bald dachte man in größeren Maßstäben: Vergleichbar mit den Weltausstellungen präsentierten verschiedene Länder in Pavillons die Werke ihrer Künstler. Erweitert wurde das Programm durch umfangreiche Musik- und Filmfestspiele. Bis zum Zweiten Weltkrieg hatte sich die Biennale zu einer viel beachteten Veranstaltung gemausert, die bedeutendsten Künstler gaben sich hier die Ehre.

Auch in Venedig ließ der Zweite Weltkrieg alle künstlerische Innovationskraft zum Erliegen kommen. Doch inzwischen lagen seine Schrecken schon drei Jahre zurück, wäre es nicht an der Zeit, einen Neuanfang zu wagen?

Das gestaltete sich allerdings nicht ganz einfach. Die Pavillons der USA und der Sowjetunion blieben vorerst leer. Schließlich standen die beiden Supermächte am Beginn des Kalten Krieges, da blieb keine Muße für eine Kunstausstellung. Und auch der griechische Pavillon stand ungenutzt herum, denn in Griechenland herrschte Bürgerkrieg. Die Spanier wollten aus unerklärlichen Gründen fernbleiben, und von Deutschland war vorerst nichts Positives zu erwarten. Nur ganze 14 Nationen sicherten ihre Teilnahme an der Biennale von 1948 zu, wo es vordem noch doppelt so viele gewesen waren.

Damit die Biennale nicht gleich mit gähnender Leere in ihr neues Leben starten musste, kamen die venezianischen Veranstalter auf die Idee, Peggy Guggenheim um Hilfe zu bitten. Könnte sie nicht einen Teil ihrer weltberühmten Kunstsammlung zur Verfügung stellen?

Peggy Guggenheim fühlte sich zutiefst geschmeichelt. Sie hatte als Frau unerträgliche Verletzungen erleiden müssen. Zahllose Liebhaber nutzten sie schamlos aus, um sie danach schnöde fallen zu lassen. Und niemals konnte sie die Demütigung verwinden, die sie angesichts ihres Äußeren empfand. Doch nun standen diese Leute mit sichtbarer Ehrfurcht vor ihr und baten sie um ihre Unterstützung als anerkannte Kunstexpertin.

Deshalb bereicherte sie die Biennale nur zu gerne um einen farbenprächtigen Basar der Sinne, angefüllt mit den großartigsten Werken der surrealistischen, abstrakten und konkreten Kunst der Moderne. Die öffentliche Begeisterung schlug hohe Wogen. Peggy Guggenheim stieg in den Olymp der gefeierten Kunstsammler auf.

Beseelt von diesem Erfolg kehrte sie mitsamt ihrer Sammlung nach Europa zurück und entschied sich, in der Stadt zu bleiben, die ihr zu einem solchen Triumph verholfen hatte. Sie kaufte einen Palazzo am Canal Grande, ließ ihn umbauen und zog dort ein. Aus Dankbarkeit gegenüber den Venezianern öffnete sie ihre privaten Ausstellungsräume in den Sommermonaten für interessierte Besucher.

Im idyllischen Garten ihres Palazzo, zwischen Skulpturen und exotischen Gewächsen, oder auf der Dachterrasse mit famosem Blick über den Canal Grande pflegte Peggy Guggenheim fortan im Liegestuhl zu entspannen, stets in Gesellschaft ihrer geliebten Lhasa-Apso-Hunde. Täglich ließ sie sich in ihrer privaten Gondel durch die Kanäle fahren. Und beinahe täglich erwarb sie ein neues Gemälde hinzu, tauschte oder verkaufte andere Werke. Die Venezianer nannten sie schon bald nur noch „l'ultima Dogaressa" – „die letzte Dogenfrau".

Als sie am 23. Dezember 1979 starb, hinterließ sie ihre Sammlung der Solomon R. Guggenheim Foundation. Diese hatte einst ihr Onkel gegründet, ebenfalls ein bedeutender Kunstsammler. Zur Bedingung machte Peggy Guggenheim, dass ihre Kunstwerke im Palazzo am Canal Grande verbleiben und dort im Rahmen eines Museums der Öffentlichkeit zugänglich gemacht werden sollten. Im

Garten des Palazzo befindet sich ihr Grab, sie ist zusammen mit zwei ihrer Lhasa Apsos beerdigt.

Im Inneren des Peggy-Guggenheim-Museums bewundert man noch heute die Werke von Künstlern mit den klangvollsten Namen, die das 20. Jahrhundert zu bieten hat. Nicht wenige dieser Meister zählten zu den Geliebten der Peggy Guggenheim.

Ein Leben lang war sie verrückt nach Kunst und Künstlern. Doch in ihren Memoiren gab sie unumwunden zu, dass ihre rastlose Suche vor allem dem immerwährenden Versuch galt, Trost zu finden über den Verlust ihres Vaters, der einst in den eisigen Fluten des Nordatlantiks versank.

Sarde in saòr – Sardinen in Sauce

Zutaten für 4 Personen: *12 kleine frische Sardinen (ca. 800 g), 1 große Gemüsezwiebel (ca. 400 g), 80 g Rosinen, 80 g Pinienkerne, 60 g Butter, 250 ml Weißwein, 200 ml Gemüsebrühe, 3 El Weißweinessig, 20 g brauner Zucker, einige Blätter Radicchio, 1 Handvoll Blättchen von glatter Petersilie, 2 Lorbeerblätter, Mehl, Olivenöl, Salz, Pfeffer*

Zubereitung: *Die Gemüsezwiebel schälen, vierteln und in dünne Streifen schneiden. Die Butter in einer Pfanne zerlassen und die Zwiebelstreifen darin glasig anbraten, dabei mit dem braunen Zucker, Salz und Pfeffer würzen. Mit Weißwein und Gemüsebrühe ablöschen, den Essig hinzugeben und aufkochen. Dann die Hitze reduzieren und Lorbeerblätter, Pinienkerne sowie Rosinen hinzugeben. Ohne Deckel so lange köcheln lassen, bis die Flüssigkeit um knapp die Hälfte reduziert ist.*

Die Sardinen putzen, von den Flossen befreien und ihre Köpfe so abdrehen, dass sich die Innereien dabei mit lösen. Entlang des Bauchs aufschneiden und die restlichen Innereien entfernen. Anschließend waschen und mit Küchenkrepp trocken tupfen. Nun ringsum gut mit Mehl einstäuben.

In einer hohen Pfanne reichlich Olivenöl stark erhitzen und die Sardinen darin ca. 1 Minute lang frittieren. Auf Küchenkrepp abtropfen lassen.

Die Radicchioblätter auf Tellern anrichten und die Sardinen darauflegen. Mit der Zwiebelsauce übergießen und mit Petersilienblättchen bestreuen.

Mit frischem Weißbrot servieren.

Federn, Farbe, Flitterkram – die Meisterin der Masken

Welch ein Glück für mich, in Todaro so einen freundlichen und aufgeschlossenen Vermieter gefunden zu haben! Denn heute hat er mich zu Marilisa Dal Cason geführt, einer Frau, die genau wie er selbst einem alten venezianischen Traditionshandwerk nachgeht. Marilisa ist Maskenmacherin.

Ihr kleiner Laden „L'Arlecchino" („der Harlekin") liegt versteckt in der engen Gasse Ruga Vecchia San Giovanni, in die ich mich ohne Todaro wahrscheinlich nie verirrt hätte. Das Schaufenster ist übervoll mit den verschiedenartigsten Masken. Da liegen kleine Augenmasken in allen denkbaren Ausführungen, von hauchfeinem Spitzenwerk über strassverzierte Katzenaugen bis hin zu opulenten farbigen Gebilden, an denen seitlich kunstvoll lange Federn angebracht sind. Darüber hängen die typisch venezianischen Halbmasken mit üppigen Verzierungen und prachtvollem Federschmuck, daneben die Larven orientalischer Prinzen und die Gestalten der Commedia dell'Arte. Da gibt es farbenfrohe Harlekins und bleiche Pestärzte mit langen Schnabelnasen, stumme Mondgesichter und strahlende Sonnen, düstere Dämonenfratzen und grellbunte Pinocchios, lustige Kobolde und exotische Tiergesichter.

Lächelnd empfängt uns Marilisa im Verkaufsraum, der so angefüllt ist mit sinnenfrohem Mummenschanz, dass mir fast schwindelig wird. Todaro stellt mich vor, und gerne ist Marilisa dazu bereit, mir einen Einblick in ihre Kunst zu gewähren. Dazu führt sie uns durch das Geschäft in den hinteren Bereich, wo ihre Werkstatt liegt. Fein säuberlich sind ihre Werkzeuge und Materialien in den Regalen aufgereiht, hunderte von Pinseln in den verschiedensten Größen, Farbtöpfchen und Dosen, Federn in allen Farben und Längen, bunte Steine, glitzernde Perlen, goldene Miniaturbroschen und allerhand Stoffe, Litzen, Spitzen, Bänder und Schleifen.

Über der Werkbank hängt eine Tafel, darauf steht in großen Lettern mit Kreide geschrieben: „Un uno posto per ogni cosa e ogni cosa a suo posto“ – „Ein einziger Platz für alles und alles an seinem Platz“. Als sie bemerkt, dass ich die Tafel mustere, lacht sie. „Ordnung ist die Grundvoraussetzung für die Arbeit“, erklärt sie. „Jeder Künstler hat da natürlich seine eigenen Methoden und sein eigenes Konzept. Ich brauche viele verschiedene Kleinigkeiten, manchmal ganz winzige Dinge. Mit der Ordnung klappt es nicht immer so ganz, oft suche ich stundenlang nach etwas. Aber dies ist der Ort, an dem ich mich wohlfühle und wo ich gerne bin.“

Marilisa ist eine von rund einem Dutzend Maskenbauern, die diesem Kunsthandwerk heute in der Lagunenstadt nachgehen. Doch noch in den Siebzigerjahren des letzten Jahrhunderts waren Masken hier gar kein Thema. Ungläubig schüttle ich den Kopf. Wie kann denn das sein?

Venedig ist doch die Stadt des Karnevals schlechthin, die venezianische Maskerade folgt einer uralten Tradition! Oder etwa nicht?

Marilisa lächelt und bittet uns, Platz zu nehmen. Sie schenkt uns eine Aranciata ein – eine Orangenlimonade – und beginnt zu erzählen.

Natürlich ist der Karneval von Venedig schon sehr alt. Wann genau er seinen Anfang nahm, weiß man nicht, vermutlich gab es ihn aber schon vor tausend Jahren. Je wohlhabender die Republik Venedig im Lauf der Jahrhunderte wurde, desto opulenter feierten die Venezianer ihr Karnevalsfest. Am prächtigsten ging es im 18. Jahrhundert zu, zur Zeit Giacomo Casanovas. Die reichen Venezianer leisteten sich die aufwendigsten Verkleidungen, und versteckt hinter der Anonymität der Larven gab man sich manch frivolen Vergnügungen hin, die man sich normalerweise niemals gestattet hätte. Als Frauen maskiert schlichen sich Männer in Nonnenklöster, und Frauen im Männerkostüm nahmen sich unerhörte Freiheiten heraus. Andere nutzten die Maskerade, um sich unerkannt dem Glücksspiel hinzugeben, wieder andere leisteten sich inkognito so mancherlei Gaunereien.

In den Gassen und vor allem auf dem Markusplatz eskalierten die Orgien, zwischen Akrobaten und Tänzern, Hellsehern und Sängern, Quacksalbern und Schaustellern ergötzte sich das Volk an ungezügeltem Treiben. Das Tragen der Masken war vom zweiten Weihnachtstag bis zum Veilchendienstag erlaubt, zu dessen Ausklang nachts berauschte Fackelträger zum Markusplatz strömten, um dort eine große Strohfigur zu verbrennen. Zeitweilig konnte man aber sogar das ganze Jahr hindurch auf maskierte Venezianer treffen.

Doch auf Hochmut folgt der Fall. 1797 eroberten die Truppen Napoleons die Republik Venedig. Schon zuvor befand sich Venedigs Stern im steilen Sinkflug, denn die Entdeckung neuer Kontinente führte zu einer grundlegenden Veränderung der Machtaufteilung innerhalb von Europa. Während Nationen wie Portugal, Spanien, die Niederlande und Großbritannien auf Kolonien und den interkontinentalen Handel setzten, verschlief das kleine Venedig die sich anbahnenden großen Umwälzungen. Ein Schicksal, das es mit den anderen italienischen Seerepubliken teilte.

Das zog in der Konsequenz einen spürbaren Niedergang des Wohlstands nach sich und trug dazu bei, dass die Republik schließlich dem französischen Eroberer unterlag. Ein Gutteil der Kunstschätze von Venedig wanderte nach Paris. Die Stadt selbst wurde schließlich mitsamt ihren Territorien Österreich zugeschlagen. Dadurch kam es im Lauf des 19. Jahrhunderts zu etlichen kriegerischen Auseinandersetzungen, bis Venedig 1866 schließlich dem fünf Jahre zuvor entstandenen Königreich Italien angeschlossen wurde.

Doch was geschah unterdessen mit dem Karneval?

Die neuen Herren erließen verschiedene Gesetze und Verbote, um das ausschweifende Treiben zu unterbinden. Tatsächlich verging den Venezianern in der ungewohnten neuen Situation aber auch ganz von allein der Spaß am Feiern. Erschwerend kam hinzu, dass man sich das kostspielige Vergnügen nun kaum noch leisten konnte. Venedigs karnevalistische Tradition sank in einen tiefen Dornröschenschlaf.

Erst 1976, nach fast zwei Jahrhunderten, erschien endlich ein Prinz auf der Bildfläche, um das karnevalistische Dornröschen wach zu küssen. Dieser Prinz hieß Federico Fellini, und er bediente sich eines altbekannten Erfüllungsgehilfen: Giacomo Casanova. Fellinis Verfilmung der Autobiografie des großen Frauenhelden mit Donald Sutherland in der Titelrolle erregte enormes Aufsehen. Im Zwielicht einer obskuren Maskenwelt zeigt der Meisterregisseur Casanova als tragischen Helden, der die eigene Todesfurcht hinter ritualisierter Erotik zu verbergen versucht. Für die fantastischen Kostüme erhielt der Film einen Oscar. Und durch Venedig ging ein erstauntes Raunen. War es hier einst wirklich so pompös zugegangen?

Schon bald schlossen sich junge Künstler zusammen, um der alten Tradition neues Leben einzuhauchen. Marilisas Schulkamerad Gualtiero Dall'Osto, so verrät sie uns, war einer dieser Pioniere. Er stammte aus einem Dorf in der Provinz Vicenza und studierte an der Kunstakademie in Venedig. Gerade hier sprang der Funke der Begeisterung auf die jungen Leute über und entzündete einen schöpferischen Flächenbrand. Ihre Kreationen stellten sie auf der Biennale von 1979 vor und ernteten begeisterten Zuspruch. Große Unterstützung fanden sie bei den Hotelbesitzern, die das im venezianischen Karneval steckende Marketingpotenzial sofort erkannten.

So kam es, dass Marilisas Schulfreund sich selbstständig machte und einen Maskenladen eröffnete. Um sein Handwerk zu perfektionieren, analysierte er historische Masken und experimentierte mit unzähligen Fertigungstechniken und Materialien. Denn es gibt kein Lernen, ohne dass man viele Ideen ausprobiert und dabei das Scheitern immer wieder in Kauf nimmt. Getreu diesem Motto entwickelte er seine Fähigkeiten, die ihn zu einem der besten Maskenbauer von Venedig werden ließen.

Der Zufall wollte es, dass Marilisa ihm 1985 nach Venedig folgte. Denn Gualtiero benötigte Hilfe in seinem Laden und rief sie an. „Ich habe mich sofort in Venedig verliebt. Und wenn man die Stadt liebt, dann wird man auch diese Arbeit lieben", sagt sie, und das Funkeln in ihren Augen bestätigt ihre Worte. Deshalb entschloss sie sich, von Gualtiero den Beruf der Mascarera zu erlernen. Bereits 1990 eröffnete sie schließlich ihren eigenen Laden, „L'Arlecchino".

Während Kunsthandwerker wie Marilisa kostbare Unikate fertigen, wird Venedig mit Unmengen von Masken aus Massenproduktionen überschwemmt. Fast alle basieren auf einfachen Plastikrohlingen aus Fernost. In Niedriglohnwerkstätten weitab von Venedig, zum Beispiel im armen Süden Italiens, werden dann noch ein paar Farbtupfer daraufgesetzt, wird eine goldene Bordüre ringsherum geklebt, und schon darf das Werkstück das Prädikat „Handmade in Italy" tragen. Doch diese billigen und oft schrecklich kitschigen Mitbringsel haben rein gar nichts mit Marilisas Kunstwerken zu tun.

Die Arbeit beginnt mit dem Rohling als Grundlage. Manche von Marilisas Kollegen experimentieren dabei mit Leder, Gummi oder Eisen. Marilisa verwendet seit ein paar Jahren mitunter Kunstharz, das ihr ein breites Spektrum an Möglichkeiten eröffnet. Zu 90 Prozent sind ihre Masken aber nach gutem alten Brauch aus selbstgemachtem Pappmaschee hergestellt. Dazu bestreicht sie festes Papier dick mit Kleister und zerreißt es dann in Fetzen. Diese Fetzen legt sie geschickt auf eine ihrer Matrizen, wiederverwendbare Formen aus Ton, die sie zuvor gefertigt hat. Sorgfältig drückt sie das Papier in jede Mulde dieses Tongesichts, verklebt jeden einzelnen Fetzen penibel mit den anderen.

Diese unscheinbare Papiermaske muss nun auf der Form komplett durchtrocknen. Erst dann wird Marilisa sie vorsichtig abschmirgeln und die Augenpartie mit einem Skalpell heraustrennen. Anschließend erhält die Maske eine weiße Grundierung in mehreren Schichten. Fünf Tage dauert es, bis Marilisa damit beginnen kann, die neue Maske kunstvoll zu verzieren.

Sie weist mit ausladender Geste auf die gegenüberliegende Wand, an der verschiedene halbfertige Masken hängen. „Ist es nicht großartig, wie viele Möglichkeiten es gibt? Das schönste an meinem Beruf ist, dass der Kreativität keinerlei Grenzen gesetzt sind!“

Für die Herstellung einer Maske benötigt Marilisa im Schnitt eine ganze Woche. Sie erhält auch Aufträge für Spezialanfertigungen. Nicht immer kennt sie ihre Kunden, doch darunter sind Filmproduzenten und Theaterausstatter, manchmal auch Stars aus der Musikszene, die ihre Auftritte mit exotischen Maskeraden aufzupeppen wünschen. Komplexe Sonderanfertigungen können dann noch deutlich längere Zeit in Anspruch nehmen.

Aber die Ergebnisse sprechen für sich. Was Marilisa kreiert, ist eine faszinierende Mischung aus Malerei, Skulptur und Design. Diese Kunst hat natürlich ihren Preis. Während es eine einfache, unbemalte Maske schon für wenige Euro gibt, kostet ein geschmücktes Exemplar leicht 200 Euro und mehr. Das exklusivste Stück in Marilisas Laden, eine großzügig mit Strass und üppigem Federschmuck dekorierte Halbmaske, kostet sogar 700 Euro.

Wir sind inzwischen zurück in den Geschäftsraum gegangen und bewundern die faszinierende Vielfalt der ausgestellten Masken. Bei aller Kommerzialisierung, die der Karneval von Venedig seit seiner Wiederentdeckung erfahren hat, halten Menschen wie Marilisa und ihr Lehrmeister Gualtiero den Geist des alten Brauchtums lebendig. Und tragen damit ihr Teil dazu bei, dass Venedig auch weiterhin die Kulisse einer der fantastischsten Karnevalsbühnen unserer Welt bleiben kann.

Castagnole fritte – Karnevalskrapfen auf venezianische Art

Zutaten: *4 Eier, 400 g Mehl, 100 g Zucker, 1 Pck. Vanillezucker, 50 ml Olivenöl, 60 ml Grappa, 2 Tl Backpulver, 1 l Sonnenblumenöl, die dünn abgeraspelte Schale einer halben unbehandelten Orange, Puderzucker, Salz*

Zubereitung: *Die Eier mit dem Zucker, dem Vanillezucker und der Orangenschale in eine Schüssel geben und schaumig aufschlagen. Dann das Olivenöl und den Grappa hinzufließen lassen. Das Mehl durch ein Sieb hinzustreuen, das Backpulver sowie eine Prise Salz dazugeben und alles gut zu einem geschmeidigen Teig verrühren. Mit einem Geschirrtuch abdecken und den Teig 1 Stunde lang ruhen lassen.*

Das Sonnenblumenöl in einem großen Topf oder in der Fritteuse stark erhitzen. Nun den Teig noch einmal durchrühren, sodann mithilfe von zwei Teelöffeln oder einem Eisportionierer kleine Kügelchen davon abstechen und in das siedende Fett gleiten lassen.

Wenige Minuten lang frittieren, bis die Bällchen goldbraun sind. Auf Küchenkrepp abtropfen lassen und ringsum mit Puderzucker bestäuben.

Phönix, das Feuer und die Asche – das Gran Teatro La Fenice

Enrico seufzte. Eine tiefe Sorgenfurche zeigte sich zwischen den Brauen des jungen Mannes, der zusammengesunken auf den Stufen vor einem schlichten weißen Gebäude saß. Hinter ihm öffnete sich ein Portal unter einer auf vier Säulen ruhenden Loggia, doch ansonsten ließen weder die Größe noch irgendeine herausragende äußere Dekoration darauf schließen, welch ein Juwel das Gebäude in seinem Inneren barg: einen wunderschönen Opernsaal. Die von zahlreichen Logen gerahmte hufeisenförmige Halle durfte schon so manche gefeierte Aufführung erleben, die begnadetsten Sangeskünstler der wechselnden Zeiten gaben sich hier die Ehre. In diesem Haus waren Verdis Rigoletto, die Traviata und andere seiner Opern zur Uraufführung gekommen. Hier wurde Wagners Ring des Nibelungen zum ersten Mal auf italienischem Boden inszeniert, nur zwei Monate, nachdem der Komponist selbst in der Lagunenstadt gestorben war. Später erlebten Werke von Benjamin Britten, Sergei Prokofjew, Igor Strawinsky und zahlreichen weiteren Meistern des 20. Jahrhunderts hier ihre Erstaufführung.

Doch von all dem wusste Enrico nur wenig. Klassische Musik langweilte ihn, deshalb interessierte ihn das Theater eigentlich nicht. Ihm gefielen Techno und House, besonders Acid und Underground Music, die gerade große

Erfolge feierten. Erst vorgestern war er aus Berlin zurückgekommen, wo er beim Electric Ballroom mitgemacht hatte. Diese bisher aufregendste Party der Techno-Szene gab es erst seit einem Monat. Die ganze Nacht lang feierten junge Leute bei harter Techno-Musik. Ihre Glücksgefühle explodierten dabei bis zur Ekstase. Es war ein fantastischer Rausch.

Doch nun fand sich Enrico auf einem umso härteren Boden der Tatsachen wieder. Denn sein Ausflug nach Berlin zog böse Konsequenzen nach sich. Die dadurch verlorene Zeit fehlte ihm, er konnte seinen Auftrag unmöglich termingerecht fertigstellen. Das altmodische Theater in seinem Rücken wurde nämlich gerade renoviert. Sonderlich viel sollte nicht getan werden, dazu fehlte das Geld. Aber neben einem frischen Anstrich, neuen Vorhängen und ein paar Ausbesserungen bei den Stuckaturen musste die Elektrik einer Grundsanierung unterzogen werden. Schließlich befand sie sich noch auf dem Stand von 1937, dem Jahr der letzten großen Generalüberholung. Und nun hatte immerhin schon das Jahr 1996 angefangen. Die alten Sicherungen und Verkabelungen konnten nicht länger hingenommen werden, dafür sorgte schon die Brandschutzbehörde, die sogar mit der Stilllegung des Theaters drohte.

An dieser Stelle kam Enrico ins Spiel. Nach seiner Ausbildung zum Elektroingenieur hatte er sich selbstständig gemacht, und als die Stadt Venedig den lukrativen Auftrag zur Sanierung der Elektrik des historischen Opernhauses ausschrieb, da sicherte er sich mit einem äußerst günstigen Angebot den Zuschlag. Seinen Cousin Massimiliano nahm er als Gehilfen mit ins Boot. Natürlich fehlte den jungen Männern die berufliche Erfahrung, vielleicht unterschätzte Enrico auch das Ausmaß der Arbeiten. Und ganz sicher hätte er sich den Trip nach Berlin nicht erlauben dürfen. Denn nun war er in die Bredouille geraten.

Niemals würde er es schaffen, die Arbeit bis zum festgesetzten Termin zu erledigen. Das stand fest. Und wenn er vielleicht noch hoffte, eine kleine Verzögerung sei nicht weiter schlimm, so belehrte ihn ein Schreiben der Stadtverwaltung eines Besseren: Bei Nichteinhaltung des Termins würde die Bauherrin auf Zahlung der vertraglich festgelegten Konventionalstrafe von 15 Millionen Lire bestehen. 15 Millionen! Das entspräche einem heutigen Wert von rund 7.500 Euro, ein Vermögen für Enrico! Er besaß doch keinerlei Rücklagen, und nicht nur das, um seine kleine Elektrofirma gründen zu können, hatte er sich auch noch verschulden müssen. Was nun?

Während er so auf den Stufen saß und grübelte, kam Massimiliano mit zwei Panini aus der Bar um die Ecke und setzte sich zu ihm. Enrico beneidete den Cousin um sein sonniges Gemüt, das sich auch unter den gegebenen Umständen nicht trüben ließ. Strahlend hielt Massimiliano ihm eines der belegten Brötchen unter die Nase. Doch Enrico lehnte ab. Wie konnte Massimiliano jetzt nur ans Essen denken!

„Hör endlich auf, dir Sorgen zu machen!“, lachte Massimiliano und legte den Arm um Enricos Schulter. „Ich weiß schon, was zu tun ist. Du wirst sehen, alles wird gut!“

Das „Gran Teatro La Fenice di Venezia“, auf dessen Stufen die beiden saßen, ist Venedigs berühmtestes Opernhaus. Vormals gab es etliche dieser Theater in der Stadt, denn die wohlhabenden Kaufleute und Patrizierfamilien wussten angenehmen musikalischen Zeitvertreib zu schätzen. Ihr besonderes Faible entdeckten sie nicht zuletzt dank Antonio Vivaldi, seiner Mädchenband und seiner feurig-spritzigen Musik.

Doch fast alle der prachtvollen Bühnen konnten den Lauf der Zeit nicht überdauern. Sie kamen eines Tages aus der Mode, verwahrlosten und wurden abgerissen, oder schlimmer noch, sie fielen verheerenden Bränden zum Opfer. Genau dieses Schicksal ereilte das vielgerühmte Teatro San Benedetto im Jahr 1774. Weil es aber ein so beliebtes Haus gewesen war, entschloss man sich schnell zum Wiederaufbau.

Leider entbrannte dabei ein heftiger Streit zwischen den Grundstücksbesitzern und den Betreibern des Theaters, deshalb beschlossen letztere, ihr eigenes Theater zu errichten. Der Neubau der Grundstücksbesitzer wurde in Teatro Vernier umgetauft. Und auch das 1792 endlich fertiggestellte Haus der Theaterbetreiber sollte einen neuen Namen bekommen. Maßgeblichen Anteil an der Theatergesellschaft besaßen die damals in großer Zahl vertretenen

Freimaurer. Sie wählten den Namen „La Fenice", die italienische Bezeichnung des sagenhaften Vogels Phönix. Dieser ist für die Freimaurer nicht nur ein Symbol für das Erwachen des Geistes im Sinne der Aufklärung. Er steht natürlich auch für die Wiederauferstehung aus den Flammen, und genau das traf auf das neue Opernhaus ja zu.

Doch der Name erwies sich als schicksalhaft. Denn gleich dem mythischen Phönix, dessen Vorsehung ihn stets aufs Neue zum Flammentod und zur Neuerstehung aus der Asche verdammt, beschädigte ein Großbrand das Teatro La Fenice nur 44 Jahre nach seiner Erbauung gravierend. Die Zerstörungen wogen umso schwerer, als La Fenice sich innerhalb der kurzen Zeit zum bedeutendsten Opernhaus Italiens gemausert hatte. Dieses Mal vergeudeten die Betreiber deshalb keine Zeit mit Streitereien und restaurierten das Theater binnen Jahresfrist.

1937, ganze 100 Jahre später, sah man sich zu größeren Modernisierungsarbeiten veranlasst. Denn dank der Biennale erlebte das Teatro La Fenice im 20. Jahrhundert einen weiteren Aufschwung. An der Schwelle zum 21. Jahrhundert stand der Fortsetzung seiner glorreichen Geschichte deshalb nichts im Wege.

Doch dann kam die Nacht des 29. Januar 1996. Im Theater fanden zu dieser Zeit ein paar Renovierungsarbeiten statt, und offensichtlich löste dabei irgendetwas Funken aus. Weil die Feueralarmanlage wegen der Arbeiten vorübergehend ausgeschaltet worden war, leckten die

Flammen des Brandherdes unbemerkt nach den hölzernen Aufbauten der Logen und der Bühne, den schweren Stoffen der Vorhänge und den Polstern der Sitze. Im Handumdrehen brannte ganz La Fenice lichterloh.

Viel zu lange dauerte es, bis der beißende Geruch des Qualms den Hausmeister aus dem Schlaf riss, der sich als einziger im Gebäude aufhielt. Schon erhellte der Feuerschein den nächtlichen Himmel über Venedig, stieg schwarzer Rauch wie aus einem Vulkanschlot empor. Die endlich herbeigeeilte Feuerwehr versuchte hilflos, gegen das Inferno anzukämpfen. Denn ein unglücklicher Zufall wollte es, dass die Kanäle rund um das Teatro La Fenice just in dieser Zeit zu Reinigungszwecken trockengelegt waren. Die Feuerwehrboote konnten das Theater deshalb nur schwer erreichen, zudem mangelte es vor Ort an Wasser. Der einzige glückliche Umstand jener dramatischen Nacht lag in ihrer Windstille. Diese sorgte dafür, dass die Flammen im Theater wie in einem Kamin nach oben gesaugt wurden. Dadurch gelang es der Feuersbrunst nicht, auf die anderen Gebäude des Viertels überzugreifen. Doch für La Fenice gab es keine Rettung. Das Theater brannte bis auf die Grundmauern nieder.

An Nahrung für die Flammen bestand kein Mangel. Wegen der Arbeiten standen etliche Radiatoren im Theater herum, mit deren Heizkraft der erneuerte Stuck getrocknet werden sollte. Außerdem gab es reihenweise Benzinkanister und brennbare Kunstharze, Farben, Lacke und Gasflaschen, die zum Betrieb der Lötgeräte benötigt wurden. Doch sollten all diese Dinge ganz von alleine Feuer gefangen haben? Zu nächtlicher Stunde durfte sich niemand außer dem Hausmeister im Theater aufhalten. Was also konnte den Brand ausgelöst haben?

Schnell wurde klar, dass die Ursache nur in Brandstiftung zu finden sein konnte. Wer aber würde eine solche Ungeheuerlichkeit begehen? Wer würde eines der traditionsreichsten, wichtigsten und schönsten Opernhäuser der Welt zerstören? Schon standen die Verschwörungstheoretiker beisammen und übertrumpften sich gegenseitig mit den wildesten Spekulationen, da schaltete sich der Oberstaatsanwalt ein. Mit seiner Vermutung, die sizilianische Mafia stecke hinter dem teuflischen Anschlag, nahm er den Wind aus den Segeln des bis dahin vorherrschenden Verdachts, rechtsradikale Attentäter hätten das Feuer gelegt.

Während nun der Streit um den Wiederaufbau rasch an Fahrt aufnahm, blieb der Übeltäter vorerst im Dunkeln. Bürgermeister und Theaterintendant lieferten sich heiße Wortgefechte und schoben sich gegenseitig die Schuld in die Schuhe, der Staatspräsident und in seiner Folge das halbe italienische Parlament pilgerten zur Unglücksstelle und ließen sich publicitywirksam in den verkohlten Resten des Theaters ablichten. Trauernde Opernfreunde hinterließen Blumensträuße in den Trümmern, Katastrophentouristen posierten vor den Ruinen. Woody Allen erhielt sogar die Erlaubnis, sich hinter die Absperrungen zu begeben und von dort aus theatralisch in die Kameras zu schluchzen, was ihm prompt die Klage eines venezianischen Anwalts einbrachte. Denn mit welchem Recht nahm Allen sich das Privileg heraus, hinter die Absperrungen zu treten? Schließlich galten die Gesetze doch für jedermann!

Der mögliche Rechtsverstoß des Filmkünstlers stieß beim Oberstaatsanwalt indes auf wenig Interesse. Denn der leitete die umfangreichen Ermittlungsarbeiten, die zur Ergreifung des Übeltäters führen sollten. Er erhob nicht weniger als 14 Anklagen wegen Verletzung der Aufsichtspflicht. Beim Teatro La Fenice hatte nämlich so vieles im Argen gelegen, es grenzte eigentlich an ein Wunder, dass das Gebäude nicht schon viel früher abgebrannt war.

Unterdessen zankten Stadtverwaltung und Denkmalschutzamt, ob das Theater schnellstmöglich wiederaufgebaut werden sollte oder ob man zunächst die Schuttreste sortieren und katalogisieren müsse, um eventuell noch brauchbare Teile wieder in den Bau einzubeziehen. Mitglieder des Fenice-Orchesters schlugen vor, die Asche in kleine Muranoglasfläschchen zu füllen und an Touristen zu verkaufen, um Geld für den Wiederaufbau zu sammeln. Aus aller Welt kamen Spenden, und ein Wohltätigkeitsball reihte sich an den nächsten. Bereits ein Jahr nach dem Brand konnte deshalb die Rekonstruktion beginnen, zwar möglichst originalgetreu entsprechend der optischen Gestaltung im 18. Jahrhundert, aber ergänzt durch modernste Bühnentechnik und zeitgemäße Funktionalität.

Und während all das seinen Lauf nahm, brachte der Oberstaatsanwalt schließlich die Wahrheit ans Licht. Auf die Mafia, so musste er einräumen, fiel sein erster Verdacht dieses Mal zu Unrecht. Denn der Hintergrund des flammenden Infernos war sehr viel banaler. Als Brandstifter ermittelten die Fahnder nämlich keine anderen als die beiden Elektriker Enrico und Massimiliano.

Massimiliano hatte an jenem Tag Ende Januar 1996 auf den Stufen vor dem Theater eine Idee gehabt, die man tatsächlich als zündend bezeichnen kann. Ein kleines Feuerchen am rechten Platz, so schlug er seinem Cousin in verschwörerischem Tonfall vor, könnte den Verzug der Elektroinstallationsarbeiten vertuschen. Dann würde Enrico den Fertigstellungstermin völlig problemlos neu verhandeln können.

Also schlichen die beiden sich der Nacht noch einmal ins Theater und entzündeten ein kleines Feuer. Doch sie unterschätzten die Gewalt der Flammen und die brandgefährlichen Substanzen, die im Theater herumstanden. Auch wussten sie nichts davon, dass die Feueralarmanlage stillstand. Und an die vom Wasser befreiten Kanäle hatten sie gar nicht erst gedacht. Erschrocken über das Ausmaß dessen, was sie angerichtet hatten, ergriffen sie schnellstmöglich die Flucht.

Erst im Jahr 2001 kam es endlich zum Prozess gegen die beiden Brandstifter sowie die übrigen Beschuldigten. Diese 14 wegen Verletzung der Aufsichtspflicht angeklagten Personen sprach der Richter frei. Enrico und Massimiliano hingegen wurden zu sieben beziehungsweise sechs Jahren Haft verurteilt. Weltweit erhoben sich Stimmen, die diese Urteile angesichts des verheerenden Schadens als zu milde betrachteten, doch liegt die Höchststrafe für Brandstiftung in Italien bei sieben Jahren Gefängnis. Deshalb klagten sich die beiden auch durch sämtliche Berufungsinstanzen, um eine Strafminderung zu erreichen.

Als das Strafmaß 2003 durch das oberste Gericht in Rom bestätigt wurde, trat Massimiliano seine Haft zähneknirschend an. Enrico aber floh nach Mexiko, wo er erst 2007 an der Grenze zu Belize verhaftet und nach Italien ausgeliefert wurde. Massimiliano kam 2006 in den Genuss eines Straferlasses, und selbst Enrico musste nur 16 Monate Haft verbüßen, bevor er auf Bewährung freigelassen wurde. Doch die enormen Schadensersatzforderungen werden beide Männer wohl nie mehr zur Ruhe kommen lassen.

Der Weg des Wiederaufbaus von La Fenice gestaltete sich steinig. Es kam zu heftigen Auseinandersetzungen um Kompetenzen und die Rechtmäßigkeit erteilter Aufträge. 14 Verwaltungsgerichtsprozesse brachten die Arbeiten immer wieder zum Erliegen. Die Musiker des Fenice-Theaters spielten derweil in einem weißen Zelt neben dem Parkhaus an der Piazzale Roma. Erst im November 2004 konnten sie endgültig zu ihrem angestammten Ort zurückkehren und das Gran Teatro La Fenice mit Verdis La Traviata triumphal wiedereröffnen. Ganzjährig erfreuen sie nun die Musikliebhaber wieder mit Aufführungen der Spitzenklasse in einem der schönsten Opernhäuser der Welt.

Risi e bisi – Risotto mit Erbsen

Zutaten für 4 Personen: *1,5 kg grüne Erbsen in der Schote (alternativ 300 g tiefgekühlte Erbsen und 1,2 l Gemüsebrühe), 300 g Risottoreis, 100 ml Weißwein, 50 g Pancetta-Speck, 1 Bd. Blattpetersilie, 40 g Butter, 80 g geriebener Parmesan, 1 Zwiebel, Olivenöl, geriebene Muskatnuss, Mehl, Salz, Pfeffer*

Zubereitung: *Die Erbsenschoten waschen, dann pulen. Die Erbsen in eine Schüssel mit kaltem Wasser und etwas Mehl geben, die Schoten in einem Topf mit 1,4 l Wasser zum Kochen bringen, dann die Hitze reduzieren und 1 Stunde lang köcheln lassen. Anschließend durch ein Sieb abgießen und die Brühe dabei auffangen.*

Den Speck in kleine Stücke schneiden, die Zwiebel schälen und fein würfeln. Die Petersilienblättchen abzupfen und fein hacken.

Die Hälfte der Butter und einen Schuss Olivenöl in einem Topf erhitzen und Zwiebeln sowie Speck darin goldbraun anbraten. Nun die Hälfte der Petersilie und den Reis hinzugeben und mit anbraten. Mit dem Weißwein ablöschen, dann nach und nach unter ständigem Rühren die Erbsenschotenbrühe (bzw. die Gemüsebrühe) kellenweise hinzufließen lassen, bis der Reis gar, aber noch bissfest und suppig ist. Mit Salz, Pfeffer und Muskatnuss würzen.

Die Erbsen in ein Sieb geben und gründlich abspülen. Anschließend in einen Topf mit sehr wenig Wasser und einer Prise Salz geben, aufkochen und dann 5 Minuten lang köcheln lassen. Nun ¾ der Erbsen mit dem Schaumlöffel entnehmen und zum Risotto geben, den Rest mit dem Kochwasser pürieren und ebenfalls zum Risotto geben. Die restliche Butter und die Hälfte des Parmesans unterrühren und das Ganze vom Herd nehmen.

3-4 Minuten lang durchziehen lassen, dann noch einmal gut umrühren.
Auf Tellern anrichten und mit dem restlichen Parmesan sowie der restlichen Petersilie bestreuen.
Risi e bisi soll insgesamt etwas suppiger als normale Risotto-Gerichte sein.

Dieses Gericht *wurde traditionell beim großen Fest zu Ehren des Stadtpatrons Sankt Markus am 25. April serviert. Der Doge lud die Patrizier sowie die ranghohen ausländischen Gesandten an seine Festtafel, und zur Vorspeise gab es Risi e Bisi. Denn gerade jetzt waren die ersten zarten Erbsen auf der Gemüseinsel Sant'Erasmo erntereif.*
Risottoreis wird schon seit der Zeit der Renaissance in der nahen Po-Ebene angebaut. Er ist deshalb ein wichtiger Bestandteil der venezianischen Küche.
Das Originalrezept verlangt „per ogni riso un biso", also für jedes Reiskorn eine Erbse. Am besten schmeckt es, wenn man frische, nicht zu große Erbsen zur Verfügung hat. Man kann das Rezept auch variieren, indem man statt der Erbsen zarte Zuckerschoten verwendet.

Vom Traum zum Albtraum – Venedig und der Tourismus

Erinnern Sie sich noch? In der Einführung habe ich Ihnen davon erzählt, dass jedes Jahr mehr als 30 Millionen Besucher nach Venedig kommen. Das ist eine unvorstellbar große Zahl. Es sind sechs Millionen Menschen mehr, als ganz Australien an Einwohnern zählt, und nur fünf Millionen weniger, als in Kanada leben. Wie ist es möglich, dass sich so viele Menschen Jahr für Jahr in das kleine Venedig quetschen, dessen historische Altstadt in der Lagune nur eine Fläche von rund sieben Quadratkilometern hat? Das entspricht nur etwa 1.000 durchschnittlich großen Fußballfeldern.

Bei der Besucherzahl von 30 Millionen handelt es sich um einen Schätzwert, denn die Tagestouristen lassen sich natürlich nicht so einfach zählen. Genauere Daten liegen zur Zahl der Übernachtungen vor, die bei etwas mehr als acht Millionen pro Jahr liegt. Da die Übernachtungsgäste im Schnitt 2,4 Nächte in Venedig verbringen, macht das lediglich knapp dreieinhalb Millionen Besucher, die länger als nur ein paar Stunden in der Stadt bleiben. Diese Zahl ist zudem rückläufig, begründet durch die steigenden Hotelpreise. Was aber machen die restlichen vielen Millionen Menschen in Venedig?

Die Stadt hat eine lange Tradition als Touristenattraktion. Bereits im Mittelalter kamen die ersten Reisenden. Sie waren Pilger, die auf dem Weg nach Rom hier eine Zwischenstation einlegten. Schnell erkannten findige Venezianer das darin liegende Potenzial und verkauften den Besuchern einen Imbiss oder ein Glas Wein zur Erfrischung. Mancher verdingte sich auch als Fremdenführer, denn viele Pilger waren wissbegierig und wollten mehr über die Lagunenstadt erfahren. Alljährlich zu Himmelfahrt veranstaltete die Stadt außerdem einen großen Jahrmarkt, der schon damals riesige Besuchermengen anzog. Im 15. Jahrhundert gab es bereits 20 Gasthäuser in der Stadt, 1581 erschien der erste gedruckte Reiseführer. Je mehr die Handelseinnahmen der Stadt in der Folgezeit sanken, desto mehr besann man sich auf den Fremdenverkehr als neue Einnahmequelle. Das kam so weit, dass der englische Botschafter im 18. Jahrhundert schimpfte, erklärtes Lebensmotto der Venezianer sei es, dem Rest von Europa Vergnügungen zu bereiten und ansonsten nichts zu tun.

Schon in den Vierzigerjahren des 19. Jahrhunderts überstieg die Zahl der jährlichen Besucher die Zahl der Einwohner von Venedig. Als die allgemeine Reiselust um die vorletzte Jahrhundertwende ihren ersten großen Höhepunkt erreichte, stand Venedig bereits ganz oben auf der Liste der Wunschdestinationen. Und der wirtschaftliche Aufschwung nach dem Zweiten Weltkrieg sorgte für einen kometenhaften Anstieg der Besucherzahlen, dessen Gipfel bisher noch nicht absehbar ist. Denn das Reisefieber erfasst immer mehr Menschen auf der ganzen Welt.

Kommt man heutzutage an einem durchschnittlichen Tag in der wärmeren Jahreshälfte nach Venedig, dann kann es passieren, dass sie schon von weitem sichtbar sind: riesige Kreuzfahrtschiffe, die nicht nur die flache Silhouette der Häuser überragen, sondern auch die Kirchtürme und Kuppeln, sogar den Campanile von San Marco. Fährt man mit dem Vaporetto an so einem Riesen vorbei, dann fühlt man sich auf einmal ganz winzig. Es ist ein bizarres Bild, wenn sich ein Schiff mit den Ausmaßen eines Wolkenkratzers zum Greifen nahe am Markusplatz vorbeischiebt, um zum Kreuzfahrtterminal von Venedig zu gelangen. Manchmal sind es nur 50, vielleicht sogar nur 30 Meter, die das gewaltige Schiff von der Piazza San Marco mit dem Dogenpalast und seinen Kolonnaden trennen. Die südlichen Inseln der Altstadt verschwinden komplett hinter dem weißen Riesen, einem hypermodernen Giganten mit Kabinen für 3.000 oder 4.000 Reisende und mehr als 1.000 Mann Besatzung. Die Palazzi der altehrwürdigen Serenissima wirken dagegen geradezu lächerlich klein. Wer gemütlich auf der Piazza sitzt und nichts ahnend einen Cappuccino trinkt, dem bleibt beim unvermittelten Anblick dieser Dimensionen schon mal die Spucke weg.

Derweil drängen sich die Kreuzfahrtpassagiere zu Tausenden auf den Balkonen und an Deck. Sie fotografieren um die Wette, als seien sie Zoobesucher, die ein hübsch gestaltetes Gehege mit Erdmännchen bestaunen. Und wenn die Dämmerung langsam einsetzt, geht von Bord ein wahres Blitzlichtgewitter auf den Markusplatz nieder. Untermalt wird die vorbeigleitende surreale Erscheinung durch die Lautsprecheransagen an Bord, deren Schall durch die Gassen der halben Altstadt fortgetragen wird.

Manche Kreuzfahrttouristen steigen vielleicht überhaupt nicht aus, um die Altstadt zu Fuß zu besichtigen. Und wenn sie es doch tun, dann strömen sie in Gruppen durch die ohnehin schon überfüllte Stadt. Zu hunderten zwängen sich die Passagiere durch das Gassengewirr, alle vereint in dem Ziel, schnellstmöglich die wichtigsten Sehenswürdigkeiten anzusteuern. Denn besonders viel Zeit bleibt ihnen nicht, bevor die Reise weitergeht. Sie geben dabei auch höchstens ein paar Euro aus, denn an Bord werden sie ja rundum versorgt. Für die Einnahmen der Stadt spielen die Kreuzfahrttouristen deshalb keine Rolle.

Wohl aber verursachen die Riesenschiffe Schäden, durch welche die laufenden Instandhaltungskosten in der Stadt nicht unerheblich steigen. Denn die starken Vibrationen und der Wellenschlag der Schiffe beschädigen Venedigs Häuser und stehen auch im Verdacht, zum Absinken des Lagunenbodens maßgeblich mit beizutragen. Insbesondere unterhalb der Wasseroberfläche bewirken die Schiffsschrauben immense Verwirbelungen und drücken das Lagunenwasser gegen die empfindlichen Fundamente der Häuser.

Hinzu kommen Verschmutzungen durch Emissionen, die sich im Wasser, in der Luft sowie an den Fassaden niederschlagen und außerdem gesundheitliche Gefahren mit sich bringen. Jedes einzelne der konventionellen Kreuzfahrtschiffe gibt im Durchschnitt aus seinen qualmenden Schornsteinen so viele Abgase frei wie 14.000 Autos. Und das während des gesamten Aufenthalts, denn die Motoren laufen auch während der Liegezeit im Terminal weiter. Viel Schiffe werden noch immer mit billigstem Schweröl betankt und haben keinen Katalysator. Donna Leon, die Krimiautorin und Wahlvenezianerin, hat ausgerechnet, dass die tägliche Luftverschmutzung rund ums Kreuzfahrtterminal von Venedig derjenigen entspricht, die 70.000 parkende Autos mit ununterbrochen laufenden Motoren verursachen würden. Deshalb kann die Feinstaubbelastung der Luft im autofreien Venedig es an manchen Tagen leicht mit der von Mailand aufnehmen.

In Venedigs großem Kreuzfahrtterminal im Westen der Altstadt werden die Schiffe von Servicebooten betankt und beliefert, Abwässer werden abgepumpt. Passagiere verlassen das Schiff, neue Gäste werden herbeigeschafft, meist direkt von und zu Venedigs nahem Flughafen, der nach Marco Polo benannt ist, dem ersten berühmten Reisenden der Stadt. Die Zahl der Kreuzfahrtpassagiere am Terminal von Venedig ist seit 1997 von 300.000 auf mehr als zwei Millionen pro Jahr emporgeschnellt. Denn das Kreuzfahrtgeschäft boomt, und Venedig hat sich dank seines magischen Rufs, aber auch wegen seiner guten Erreichbarkeit zum beliebtesten Kreuzfahrthafen des

Mittelmeerraums entwickelt. Vor allem vormittags an den Wochenenden legen die Pötte inzwischen meist im Stundentakt an und ab. Dann geht es durch den Canale della Giudecca, der den nördlichen Teil der Altstadt von den Inseln im Süden trennt, und der eigens für solche ozeantauglichen Riesenkähne auf eine Tiefe von 20 Metern ausgebaggert worden ist.

Hin und her wurde diskutiert, ob man den Kreuzfahrtschiffen die Einfahrt ins Becken von San Marco weiterhin erlauben sollte. Wenngleich die Kreuzfahrttouristen für die Kassen der Stadt nur eine geringe Rolle spielen, so spülen die jährlich mehr als 1.500 Kreuzfahrtschiffe durch ihre Liegegebühren doch rund 500 Millionen Euro in die Staatskassen. Diese Gelder fließen direkt an den italienischen Staat, die Stadt selbst profitiert nicht davon. Weitere Einnahmen werden durch die Steuerzahlungen der Kreuzfahrtgesellschaften, durch Arbeitsplätze und durch die Hafenbehörde generiert. Sie kommen allerdings Mestre zugute, dem Stadtteil Venedigs, der auf dem Festland liegt. Die Lasten des Kreuzfahrtgeschäfts müssen hingegen die Bewohner der Laguneninseln tragen.

Nach jahrelangem Tauziehen wurde 2014 schließlich ein Durchfahrtsverbot für Kreuzfahrtriesen mit mehr als 96.000 Bruttoregistertonnen erlassen. Doch prompt legte das Kreuzfahrtterminal VTP im Verbund mit etlichen Tourismusunternehmen Klage dagegen ein. Schließlich war Venedigs Terminal nun für große Schiffe nicht mehr erreichbar, es drohte die Pleite. Das Verwaltungsgericht gab den Klägern recht und argumentierte, das Verbot greife unrechtmäßig in private und öffentliche Interessen ein. Schon 2015 kehrten die großen Kreuzfahrtschiffe deshalb wieder zurück.

Im darauffolgenden Jahr schaltete sich die UNESCO ein. Wenn nicht bis zum Februar 2017 entsprechende Maßnahmen in die Wege geleitet würden, so laufe Venedig Gefahr, den 1987 verliehenen Titel als Weltkulturerbe zu verlieren. Zumindest auf der Liste der einzigartigen und authentischen Stätten unserer Welt würde Venedigs Name dann ausradiert, so drohte die UNESCO. Was nun?

Die Hafenbehörde wollte mit einer neuen Fahrrinne für Abhilfe sorgen. Durch diese könnten kleinere Kreuzfahrtschiffe das Terminal erreichen, ohne durch den Canale della Giudecca vor dem Markusplatz fahren zu müssen. Doch Umweltschützer warnten vor den ökologischen Folgen eines weiteren tiefen Kanals, andere sorgen sich wegen der dadurch möglicherweise erhöhten Gefahr des weiteren Absinkens der Lagune. Im November 2017 wurde beschlossen, ein neues Kreuzfahrtterminal am Porto Marghera zu bauen. Die großen Schiffe würden dann zwar nicht mehr durch den Canale della Giudecca fahren, die Lagune aber weiterhin belasten. Erst im April 2021 kam durch einen entsprechenden Entschluss der italienischen Regierung das endgültige Aus für Kreuzfahrtschiffe und Frachter in der Lagune von Venedig. Das muss nun nur noch durch entsprechende Maßnahmen umgesetzt werden. Es soll eine Alternative geben, doch bis die geschaffen ist, kann es noch dauern.

Doch es sind ja nicht nur die Kreuzfahrtschiffe, die Probleme verursachen. Vor allem die zahllosen Tagestouristen machen Venedig zu schaffen. Dank weltweit zunehmender Reisefreude verkommt es mehr und mehr zu einer Art Disneyland, das die meisten Touristen nur einmal kurz gesehen haben wollen, ohne sich für die Stadt und ihre Geschichte, ihr kulturelles Angebot, ihre Museen und ihren Alltag überhaupt zu interessieren. Die Tagestouristen bringen zudem kaum Einnahmen. Weil Venedig ein teures Pflaster ist, haben sie ihre Verpflegung meist selbst dabei. Ihre Verpackungsabfälle lassen sie aber in der Stadt zurück, was ein zusätzliches Problem darstellt. Denn aller Müll muss aufwendig mit Schiffen abtransportiert werden. Der Tagestourismus ist deshalb unterm Strich ein Minusgeschäft für Venedig.

An Spitzentagen, zum Beispiel zur Karnevalszeit, schieben sich mehrere 100.000 Besucher durch die Gassen. Dann wird es so eng, dass die Polizei Einbahnregelungen für Fußgänger einführen muss. Auf Plätzen und Brücken stehen die Menschen so dicht zusammengequetscht, dass man sich ernste Sorgen macht, welche Folgen jetzt wohl eine Panik haben würde.

Doch auch an normalen Tagen wird das Gedränge oft unerträglich. Rialtobrücke oder Markusplatz sind zu

Stoßzeiten mitunter so überfüllt, dass sich im Meer der Touristen kaum noch jemand vorwärtsbewegen kann. Für zusätzliche Engpässe sorgen die unzähligen Souvenirstände, und auf dem Canal Grande herrscht ein einziges Verkehrschaos. Da ist fast unvermeidlich, dass sich tragische Unglücksfälle ereignen, wie zum Beispiel 2013, als ein deutscher Tourist beim Zusammenstoß einer Gondel mit einem Vaporetto ums Leben kam.

Vom Vorfrühling bis zum Spätherbst sind tagaus, tagein mehr als doppelt so viele Besucher in der Stadt, als es noch Einheimische gibt. Deren Zahl schrumpft inzwischen rapide, denn nicht nur die Touristen selbst machen ihnen zu schaffen. Es sind auch die hohen Preise für Lebensmittel, für Müll- oder Abwasserentsorgung. Alles, was man in Venedig braucht, muss vom Festland mit Booten herbeigeschafft werden.

Und der Wohnraum ist fast vollkommen unerschwinglich geworden. In den besseren Palazzi haben Prominente und Begüterte ihre Zweit-, Dritt- und Viertwohnsitze, privilegierte Menschen, die Höchstpreise zahlen, ihre Palazzi aber während der meisten Zeit gar nicht nutzen. Andere Gebäude werden zu Hotels umfunktioniert, durchschnittlich entsteht jedes Jahr ein zusätzlicher Beherbergungsbetrieb. Und normale Mietwohnungen bringen weit mehr ein, wenn man sie über Online-Plattformen an Touristen verschachert, als sie Venezianern dauerhaft für einen bezahlbaren Mietzins zu überlassen. Kein Wunder, dass die Alteingesessenen inzwischen Wohnungen auf dem Festland vorziehen. Denn diese sind günstiger, die Lebenshaltungskosten sind normal und man hat seine Ruhe vor dem Touristengetümmel.

Deshalb schwindet die Zahl der Altstadtbewohner zusehends. Lebten 1966 noch 120.000 Menschen in der historischen Altstadt, so waren es 2007 nur noch rund halb so viele. Ende 2016 sind es sogar nur noch 55.000 gewesen, inzwischen schon wieder 5.000 weniger, die Hälfte davon über sechzig Jahre alt. Nur etwa neuntausend Einwohner waren unter 18. Das Durchschnittsalter liegt bei 50 Jahren, und das, obwohl Venedig eine Universität mit rund 23.000 Studierenden hat. Doch nur die wenigsten davon leben in der Altstadt. Die Einwohnerzahl schrumpft kontinuierlich weiter – entwickelt sich Venedig zur Geisterstadt?

Die Bürgermeisterin von Barcelona, einer anderen Stadt, die mit hohem Besucheraufkommen zu kämpfen hat, ließ vernehmen, ihre Stadt solle um keinen Preis wie Venedig enden. In Venedig schlug man die Hände über dem Kopf zusammen. Ist es denn wirklich schon so schlimm um die Stadt bestellt, dass andere sie als abschreckendes Beispiel anführen müssen?

Auch wenn es gelingen wird, die Kreuzfahrtschiffe umzuleiten, so bleibt doch noch immer das Problem mit den Tagestouristen. Sie kommen in Scharen mit großen und kleinen Schiffen, mit dem Auto, mit Reisebussen oder per Bahn. Wie sollte man ihren Zustrom kontrollieren? Die

Stadt dachte endlich über ein Besucher-Management nach. So brachte der Bürgermeister eine Zugangsbeschränkung für den Markusplatz und andere Sehenswürdigkeiten ins Gespräch. Und tatsächlich müssen Besucher in Zukunft eine Eintrittskarte erwerben, bevor sie Venedig überhaupt betreten dürfen. Über Limitierungen lässt sich der Zustrom steuern, denn ab 2022 ist eine Vorabbuchung übers Internet verpflichtend.

Noch gibt es Probleme mit dem damit verbundenen Verwaltungsaufwand. Vor allem aber befürchtet man sinkende Einnahmen. Restaurants, Souvenirläden und Hotels, fliegende Händler, Gondoliere oder Wassertaxifahrer sind vom Tourismus abhängig, der jährlich rund 1,5 Milliarden Euro in ihre Kassen fließen lässt.

Doch sollte die UNESCO ihre Drohungen aufrechterhalten, sollte die einheimische Bevölkerung weiterhin schwinden, die Zahl der Touristen dagegen noch zunehmen, dann bleibt Venedig keine andere Wahl. Denn die Stadt, die Rainer Maria Rilke einst als „traumhaft" bezeichnete, entwickelt sich sonst unaufhaltsam zum Albtraum.

Fegato alla veneziana – Kalbsleber auf venezianische Art

Zutaten für 4 Personen: *600 g Kalbsleber, 200 g Polenta, 4 Zwiebeln, 100 ml Weißwein, 12 Salbeiblätter, 1 Bd. Blattpetersilie, 40 g Butter, Mehl, Olivenöl, Salz, Pfeffer*

Zubereitung: *Die Petersilienblättchen abzupfen und grob hacken. Die Zwiebeln schälen und in Ringe schneiden.*
800 ml Wasser aufkochen, salzen und die Polenta unter ständigem Rühren einrieseln lassen. Die Hitze reduzieren, die Butter hinzugeben, alles leise köcheln lassen, dabei weiterrühren, bis der Brei dick ist und sich vom Boden des Topfes löst.
Eine kleine Kastenform mit kaltem Wasser ausspülen und den Brei hineingeben. Abkühlen lassen, dann stürzen und in 1 ½ cm dicke Scheiben schneiden. Diese noch einmal diagonal in Dreiecke schneiden und in heißem Olivenöl von beiden Seiten goldbraun braten.
Die Leber waschen, trocken tupfen, in Streifen schneiden und mit Mehl dünn bestäuben. In heißem Olivenöl 2 Minuten lang braten, dabei mehrmals wenden.
Die Leber aus der Pfanne nehmen und nun die Zwiebelringe glasig braten. Mit dem Wein ablöschen und den Wein ganz verkochen lassen. Dann die Leber und die Petersilie hinzugeben und kurz warm werden lassen, mit Salz und Pfeffer würzen. In einer zweiten Pfanne die Salbeiblättchen in Olivenöl kross braten.
Die Polentadreiecke auf Tellern anrichten, die Leber hinzugeben und die Salbeiblättchen darauflegen.

Baicoli Veneziani – venezianischer Zwieback

Zutaten: *400 g Mehl, 100 ml Milch, 50 g Puderzucker, 80 g Butter (zimmerwarm), 1 Eiweiß, 15 g Hefe, Salz*
Zubereitung: *Die Milch lauwarm erhitzen und die Hefe darin auflösen. Anschließend 100 g Mehl hinzustreuen und gut vermengen. Abdecken und 30 Minuten lang an einem warmen Ort gehen lassen, dann das restliche Mehl, die Butter sowie den Puderzucker hinzugeben und gut verkneten. Das Eiweiß mit einer guten Prise Salz steif schlagen und unter den Teig mengen.*

Den Teig zu einer dicken, oval abgeflachten Wurst formen. Auf ein mit Backpapier ausgelegtes Backblech legen, abdecken und 2 Stunden lang gehen lassen. Dann den Backofen auf 180°C vorwärmen und die Teigwurst 10 Minuten lang darin backen. Abkühlen lassen, erneut abdecken und 2 Tage lang stehen lassen.
Dann die Wurst in dünne Scheiben schneiden, diese auf ein Backblech legen und im auf 170°C vorgeheizten Backofen noch einmal 10 Minuten lang backen, dabei nach 5 Minuten die Scheiben wenden. Sie sollen von beiden Seiten goldbraun sein. Abkühlen lassen und danach in einer Blechdose aufbewahren.

Die **Baicoli Veneziani** *sind sehr lange haltbar. Sie dienten deshalb traditionell als Proviant auf den venezianischen Handelsschiffen.*

Gut gelaunt in der Lagune – ein Ausflug nach Burano

Heute hat mich Todaro auf einen Frühstücks-Espresso in die Bar eingeladen. Es ist Sonntag, und nachdem er mit dem Barista ein kleines Pläuschchen über den neusten Klatsch und Tratsch aus dem Viertel gehalten hat, fragt er mich, ob ich Lust hätte, ihn auf einen Ausflug nach Murano zu begleiten. Ich zögere nicht lange. Sonntags kommen bestimmt viele Tagesausflügler nach Venedig, warum also nicht die nordöstlich in der Lagune gelegene Nachbarinsel besuchen?

„Gerne“, antworte ich deshalb, „ich wollte immer mal nach Murano. Bestimmt kann man dort den berühmten Glasbläsern bei der Arbeit zusehen!“ Murano ist weitbekannt für diese Kunst. Nachdem das Wissen um die Glasherstellung mit dem Untergang des Römischen Reichs verlorengegangen war, brachten es venezianische Händler aus Konstantinopel zurück nach Mitteleuropa. So wurde Venedig hier zur neuen Wiege der Glasmacherei. Wegen der von den Schmelzöfen ausgehenden Brandgefahr verbannte die Stadt alle Glashütten auf die Insel Murano, wo sich ein florierendes Kunsthandwerk entwickelte. Lange Zeit bewahrten die Venezianer ihr Geheimnis um die Glasherstellung und bestritten einen Großteil ihrer Einnahmen aus dem Handel mit gläsernen Waren. Erst im 16. Jahrhundert verbreiteten Industriespione das Wissen auch nördlich der Alpen, und als im 18. Jahrhundert böhmische Glasmanufakturen glänzende Erfolge feierten, da verlor Murano seine Monopolstellung endgültig. Doch noch immer ist Muranoglas ein hochgeschätztes Produkt, feine Läden verkaufen in der Altstadt von Venedig kunstvoll gefertigte Schalen, Lampen und dekorative Artefakte. Und auf der Insel Murano sind nach wie vor zahlreiche Glasöfen in Betrieb.

Doch Todaro winkt ab. „Nein“, erwidert er kopfschüttelnd. „Du hast mich falsch verstanden. Nicht Murano, sondern Burano!“ Verwundert sehe ich ihn an. Habe ich nicht richtig gehört?

Todaro lacht. Burano, so erklärt er mir, ist eine andere Insel, die etwa fünf Kilometer nordöstlich von Murano und acht Kilometer von der Altstadt entfernt in der Lagune liegt. Mit dem Vaporetto erreicht man sie bequem und schnell.

Es ist eine kleine Insel, nur 675 Meter lang und 475 Meter breit, und streng genommen sind es vier Inselchen, die durch Kanäle voneinander getrennt und durch Brücken miteinander verbunden sind. Nur etwas mehr als 2.500 Menschen leben dort, bedenkt man aber, wie klein Burano ist, so sind das doch ganz schön viele. Tatsächlich gehört Burano zu den dichtbesiedeltsten Inseln der ganzen Lagune.

„Interessant“, kommentiere ich Todaros Erläuterungen, doch kann ich meine Zweifel dabei nicht gänzlich verbergen. „Und was macht man da?“, frage ich deshalb zaghaft.

„Du hast wirklich noch nie von Burano gehört?“ Todaro sieht mich ungläubig an. „Dann wird es Zeit, dass wir etwas dagegen unternehmen!“ Er leert seine Espressotasse, lässt ein paar Eurostücke auf der Theke und lädt mich ein, ihm zu folgen. Während wir zur Vaporetto-Haltestelle gehen, einsteigen und dann vorbei an der Friedhofsinsel San Michele und der Glasinsel Murano durch die Lagune fahren, erzählt er mir von Burano.

Seit wann die kleinen Inselchen bewohnt sind, weiß niemand so genau. Doch vermutlich siedelten einzelne Fischerfamilien hier schon seit Menschengedenken. Als Venedig sich dann allmählich zur mächtigsten Stadt weit und breit mauserte, da profitierten auch Buranos Fischer vom allgemeinen Wirtschaftswachstum. Während Händler, Patrizier und Kirchenfürsten auf den Hauptinseln der venezianischen Altstadt residierten, die Glasbläser auf der Inselgruppe von Murano lebten und die Gemüsebauern auf Sant'Erasmo sowie dessen Nachbarinsel Le Vignole, war Burano die Insel der Fischer. Das Geschäft brummte, denn das wachsende Venedig verlangte nach immer mehr Fisch und Meeresfrüchten. Deshalb war Burano schon bald dicht besiedelt, ein Fischerhaus drängte sich ans andere. Die Familien kamen gut zurecht, aber übermäßige Reichtümer verdienten sie nicht. Ihre Häuser erhielten deshalb meist nur ein bis zwei Stockwerke und blieben recht schmal.

Doch schon bald konnte man sich eine eigene Kirche leisten, und im Lauf der Zeit kamen mehrere hinzu. Die einzige, die davon noch in Betrieb ist, ist die Kirche San Martino an der Piazza Galuppi. Dieser Platz ist nach dem berühmtesten Sohn Buranos benannt: Baldassare Galuppi, einem Opernkomponisten aus dem 18. Jahrhundert.

Die Kirche San Martino wurde im 16. Jahrhundert anstelle einer älteren Kirche erbaut und ist im Wesentlichen durch ihren Campanile gekennzeichnet. Der ist 53 Meter hoch und viereckig, aber nicht das ist es, was ihn so besonders macht. Vielleicht hat sein toskanisches Kapitell eine geheimnisvolle Wirkung, die einer selbsterfüllenden Prophezeiung vergleichbar sein könnte, denn der Turm ist schief wie sein toskanischer Verwandter in Pisa. Seine Neigung zeigte sich schon gleich nach dem Bau, und dass er heute noch steht und das Wahrzeichen von Burano sein kann, verdankt er Spezialisten aus Neapel, die seine Statik 1970 erfolgreich absichern konnten.

Während nun die Männer von Burano tagtäglich hinaus zum Fischfang fuhren, saßen ihre Frauen allein zu Hause. Die dicht gedrängten Häuschen ließen keinen Platz für Gärten, in denen sie sich hätten beschäftigen können. Und den lieben langen Tag nur zu putzen, auf die Kinder aufzupassen und das Abendessen vorzubereiten, ist auf Dauer langweilig. Deshalb suchten die Frauen sich einen Zeitvertreib, und so kam es, dass sie auf die Herstellung von Spitzen verfielen. An Zeit mangelte es ihnen ja nicht, deshalb entwickelten sie eine ungeheuer komplizierte und aufwendige Methode, die sogenannte „Reticella". Das ist eine Nadelspitzentechnik, bei der mit einem hauchdünnen Leinenfaden und einer schmalen Nähnadel minimalistische Schlingen ausgeführt werden. Damit lassen sich dann die filigransten Muster herstellen, die aber dicht und fest zusammengewirkt sind. Die Motive dieser Muster sind von orientalischen Formen inspiriert, wie so vieles in Venedig.

Wurde zunächst noch mit Leinenstoff gearbeitet, aus dem die Frauen Fäden oder ganze Stücke heraustrennten, um die so entstandenen freien Flächen mit Stickereien zu verzieren, so verfeinerten sie ihre Technik mit der Zeit hin zur „Punto in aria", was man mit „Luftstickerei" übersetzen könnte. Dabei entsteht die Stickerei aus sich selbst heraus, ohne dass ihr ein Stoff zugrunde liegt. Um das möglich zu machen, wird das Muster auf Pergament vorgezeichnet, die Zeichnung zunächst mit einfachen Stichen umstickt, um anschließend die Spitzen aus dem Grundmuster heraus zu entwickeln. Zum Schluss wird das Pergament dann wieder entfernt.

Diese unglaublich grazil gearbeiteten Spitzen erregten schnell die Aufmerksamkeit der modebewussten Damenwelt. Besonders zur Zeit des Barock galten Burano-Spitzen in Europa als Statussymbol der Spitzenklasse. Die Arbeiten der Frauen aus Burano erzielten Höchstpreise, der Exporthandel florierte. Delikate Bordüren und duftige Kragen zierten elegante Roben, zarte Halsbänder umschmeichelten die empfindliche Haut, hauchfeine Hauben betonten das kunstvoll gelegte Haar, und luftig-leichte Tücher dienten als kultiviertes Accessoire. Die Frauen von Burano verdienten bald mehr als ihre Männer, die doch mit dem Fischfang ebenfalls kein unerhebliches Einkommen erwirtschafteten. Das Leben auf Burano war gut.

Doch die Zeiten ändern sich. Nicht nur der Stern der Republik Venedig sank, was sich entsprechend auf die Nachfrage nach Fisch auswirkte. Die Industrialisierung brachte neue Verfahren zur Spitzenherstellung, das teure Handwerk der Frauen von Burano war nicht mehr konkurrenzfähig. Wer sollte noch ein kleines Vermögen dafür bezahlen, wenn es feine Industriespitze für einen Bruchteil des Preises gab? Und wozu sollten die Frauen von Burano sich noch mit der zeitaufwendigen Arbeit plagen, wenn niemand mehr ihre Spitzen kaufen wollte?

So kam es, dass um die Mitte des 19. Jahrhunderts herum keine von ihnen mehr die hohen Künste des Reticella und des Punto in aria beherrschte. Niemand, bis auf Vincenza Memo, eine betagte Fischersfrau. Sie war tatsächlich die Einzige, die die alten Geheimnisse der Burano-Spitzen noch kannte. Damit sie mit ihrem Tod nicht unwiederbringlich verlorengehen sollten, ließ sich Buranos Grundschullehrerin von Vincenza Memo unterrichten und gab das neuerlangte Wissen an ihre Schülerinnen weiter. Darauf wurde eine Gräfin aufmerksam, und schon bald erfasste die Nostalgiewelle auch andere Adelsdamen, was dem alten Handwerk neuen Auftrieb verschaffte. In Burano erstand 1872 eine Spitzen-Schule, die „Scuola di Merletti", die bis heute existiert, und die erlesensten Stücke werden in einem Museum gezeigt.

„Aber pass auf", warnt mich Todaro. „Du wirst in Burano viele Läden mit Spitzen entdecken. Doch in der Regel ist das billiges Zeug aus Fernost. Echte Burano-Spitzen sind nach wie vor ein teures Luxusgut. Am besten kaufst du sie gleich in der Scuola di Merletti."

Während ich noch darüber grüble, was ich wohl mit kostbaren Spitzen anfangen soll, sind wir auch schon in Burano angekommen. Ich schaue mich um und wische mir die Augen. Was ist denn das? In der Sonne leuchten die Fassaden der kleinen Häuser wie kunterbunte Ostereier! Jedes von ihnen ist in einer anderen Farbe gestrichen, die immer im scharfen Kontrast zu denen der Nachbarhäuser steht. Leuchtendes Orange neben Bonbonrosa, Himmelblau neben Rostrot, kräftigem Lila, frischem Frühlingsgrün oder Sonnengelb. Die Fensterläden sind dazu in anderen Farben gestrichen, manche in dezentem Braun, andere in tollkühnem Giftgrün. Davor liegen im türkisgrünen Wasser der Kanäle die kleinen Boote, die ihrerseits wiederum in bunten Farben lackiert sind. Was ist hier geschehen? Ist die ganze Insel in einen Farbtopf gefallen?

Todaro lacht. „Siehst du, das wirklich Besondere an Burano sind seine bunten Häuser. Burano ist ein einziger

Augenschmaus. Hier muss man umherschlendern, verweilen und genießen. Lass uns ein Fritto Misto essen gehen, frittierte Meeresfrüchte, die werden hier fangfrisch serviert und sind wirklich köstlich. Später dann, am Nachmittag, leuchten die Häuser in der tiefer stehenden Sonne erst so richtig auf. Dann kannst du nach Herzenslust fotografieren!“

Als wir in einer kleinen Trattoria an der Via Galuppi eingekehrt sind und Todaro mir ein Glas Wein einschenkt, senkt er seine Stimme zu einem verschwörerischen Raunen.

„Ich erzähle dir jetzt das Geheimnis der bunten Häuser von Burano“, hebt er an. „Hier in der Lagune ist es oft nebelig. Besonders im Herbst und im Winter senken sich die Nebelschwaden wie undurchdringbare Leichentücher über das Wasser. Dann sieht man kaum die Hand vor Augen, geschweige denn das, was weiter als Armeslänge entfernt ist. Doch die Fischer mussten an solchen Tagen wie an allen anderen hinausfahren, schließlich will der Hunger auch bei Nebel gestillt sein. Wenn sie dann im Dämmerlicht von ihren Ausfahrten zurückkehrten, wirkten alle Häuser gleich. Wie sollten sie nun ihr eigenes Haus in der Masse erkennen und die rechte Anlegestelle finden? Deshalb kamen die Fischer von Burano auf die Idee, ihre Häuser bunt zu streichen, und stets musste sich die eigene Farbe in deutlichem Gegensatz von der des Nachbarn abgrenzen. Die strahlenden Farben durchdrangen sogar die trübsten Nebel, das Problem war gelöst!“

Na, ob es wirklich so einfach war? Ich weiß es nicht. Aber feststeht, dass die kunterbunten Häuschen von Burano einen malerischen Charme ausstrahlen, der seinesgleichen sucht.

Und die Farbenfreude ist wirklich ansteckend. Wer einen Spaziergang entlang der Kanäle von Burano gemacht hat, der kann danach unmöglich schlechte Laune haben.

Bussolà Buranello – „Burano-Kringel"

Zutaten: *500 g Mehl, 6 Eigelb, 300 g Zucker, 150 g Butter (zimmerwarm), 1 Pck. Vanillezucker, 20 g Hefe, 1 Prise Salz*
Zubereitung: *Die Hefe mit 2 El Zucker in eine Tasse geben und mit der Gabel verkneten, bis sie flüssig ist.*
Die Eigelb mit der Butter, dem Vanillezucker, einer Prise Salz und dem restlichen Zucker in eine Schüssel geben, schaumig aufschlagen, die Hefe zugeben, dann das Mehl nach und nach einrieseln lassen. Gut verkneten, danach abgedeckt 20 Minuten lang an einem warmen Ort gehen lassen. Erneut durchkneten, in vier Teile aufteilen und diese zu Würsten von ca. 3 cm Durchmesser rollen. In ca. 15 cm lange Stücke schneiden und jeweils zu einem Kringel schließen. Ein Backblech mit Backpapier auslegen und die Kringel im auf 180°C vorgeheizten Backofen 20 Minuten lang backen, bis sie goldbraun sind.

Diese Kringel *gaben die Fischersfrauen von Burano ihren Männern mit, wenn diese zum Fang ausfuhren. Man kann sie zusätzlich mit Rum oder Zitrone aromatisieren. Sie sind auch das traditionelle Ostergebäck von Burano. Überzieht man sie jeweils mit verschiedenfarbigem Zuckerguss, so holt man sich ein bisschen Burano-Flair ins eigene Zuhause. Bussolà heißt übrigens „Kompass".*

Werther erschoss sich, aber Goethe blieb am Leben – vom Tod in Venedig

Zwischen Chioggia und Jesolo erstreckt sich eine weitläufige Nehrung, die Venedigs Lagune von der offenen Adria trennt. Diese Nehrung ist in zwei Landzungen und zwei langgezogene Inseln unterteilt, von denen eine, die der Stadt Venedig unmittelbar vorgelagert ist, den Namen „Lido di Venezia“ trägt. „Lido“ heißt Strand, und diesen Namen trägt die Insel zu Recht.

Um sie und damit auch die Lagune von Venedig vor den nagenden Fluten zu schützen, ist zwar schon im Mittelalter ein Teil ihrer Adriaküste mit großen Steinen befestigt worden. Trotzdem besteht doch mehr als die Hälfte der Küste aus feinsandigem Strand, der golden unter der Mittelmeersonne glänzt. An den Abenden verschmilzt er mit den pastellfarbenen Tönen des Sonnenuntergangs zu einer sanften, verführerischen Komposition, die den Augen schmeichelt und die Sinne betört.

Um die vorletzte Jahrhundertwende entstanden am Lido di Venezia mondäne Jugendstilhotels, denn das Reisefieber breitete sich in Europa aus. In den besseren Kreisen sprach es sich schnell herum, welch zauberhafter Reiz den Adriastränden vor Venedig innewohnt. Hier ließ sich ein Besuch der märchenhaften Stadt mit einem erholsamen Aufenthalt in der Sommerfrische ihres Strandbades bestens kombinieren.

In Jahr 1911 traf Ende Mai ein junges Ehepaar im Hotel des Bains am Lido di Venezia ein. Die beiden hatten sechs Jahre zuvor geheiratet, doch der Ehe mangelte es an amourösem Esprit. Sie gingen zwar respektvoll, doch auffällig distanziert miteinander um. Mit kühler Reserviertheit begegneten sie sich am Frühstückstisch. Sie wechselten hier und da ein paar Worte, ganz wie Geschäftspartner, die von der Notwendigkeit zusammengeführt wurden, doch vermochte das Paar seinem Beisammensein keinerlei Leidenschaft abzugewinnen.

Der Mann, ein Mittdreißiger mit strengem Schnäuzer, saß vertieft in die Wiener Tageszeitung „Neue Freie Presse“. Mit einem Mal schnaufte er vernehmlich, senkte das Blatt und sah mit grüblerischem Ausdruck hinüber zu seiner Frau, einer brünetten Endzwanzigerin, die freudlos und düster auf dem Frühstückstisch umherblickte.

„Es ist wohl die Cholera“, sprach er nach einer Weile. Sie sah ihn schweigend an. „Dieser Mann aus der österreichischen Provinz“, fuhr er fort, „Anton Franzky, ein Postoffiziant aus der Gegend von Graz. Du erinnerst dich, liebe Katia, ich berichtete dir gestern bereits von ihm.“

Die Miene der Frau zeigte keine Regung. In aufrechter Haltung und still verharrte sie, die Augen auf ihren Mann gerichtet, während dieser weitersprach. „Er kehrte erst am 23. dieses Monats mit dem Zug in üblem Zustand von einer Venedigreise zurück. Sein Hausarzt ließ ihn ins

Spital befördern und meldete den Behörden seinen Verdacht auf Cholera."

Der Mann faltete die Zeitung zusammen und platzierte sie neben seiner Kaffeetasse. „Nun, es scheint, der Verdacht habe sich erhärtet. Der Unglückselige verspeiste ein unreines Muschelgericht. Noch sucht man es zu vertuschen, doch in Venedig geht die Cholera um. Wir sollten die Abreise vorbereiten."

Noch während er sprach, glitt sein Blick suchend durch den Saal und verharrte schließlich auf einem Knaben mit weich fließendem, dunklem Haar. Er gehörte als eines von fünf Kindern zu einer polnischen Adelsfamilie, die im gleichen Hotel ihren Urlaub verbrachte. Wiewohl er nicht älter als 14 Jahre sein mochte, zeichnete sich in seiner Gestalt doch schon die erblühende männliche Kraft ab. Verbunden mit der kindlichen Zartheit, die seinen Zügen noch zu eigen war, erschien er wie eine ätherische Manifestation vollkommener klassischer Schönheit.

Ein Funke ungehaltener Missbilligung blitzte in den Augen der Frau auf. Mit einer etwas zu abrupten Bewegung, als es zu ihrem fein geschliffenen und stets kontrollierten Auftreten passen wollte, erhob sie sich. „So lass uns das Nötige in die Wege leiten, Thomas!", sagte sie spitz.

Zögernd löste der Angesprochene seinen Blick von dem Jungen und wandte ihn seiner Frau Katia zu. Es schien, als fänden seine Gedanken nur langsam zurück aus einer weiten Ferne, in der sie versunken waren.

Drei Tage später reiste das Ehepaar Thomas und Katia Mann ab und kehrte zurück nach München. Doch die zehn Tage, die sie am Lido di Venezia verbracht hatten, sollten einen tiefen Einschnitt bedeuten. Sie kristallisierten sich zum Wendepunkt der gemeinsamen Ehe heraus, und mehr als das, sie würden zum Wegbereiter für einen Meilenstein der Weltliteratur aufsteigen. Denn aus seiner Begegnung mit dem polnischen Knaben ersann Thomas Mann eine Geschichte aus einer anderen Wirklichkeit. Es ist eine sinistere Reise in die Abgründe der Seele, auf deren Schwelle er selbst während seines Aufenthalts am Lido di Venezia für wenige irritierende Tage gestanden hatte: „Der Tod in Venedig".

In Katharina Pringsheim, genannt Katia, schien Thomas Mann die geeignete Lebenspartnerin gefunden zu haben. Sie stammte aus einer begüterten und hochgebildeten Familie, der Vater Professor für Mathematik, die Mutter Schauspielerin. Deren Mutter war wiederum die engagierte Frauenrechtlerin Hedwig Dohm, die gemeinsam mit ihrem Mann einen Salon unterhielt, in dem Persönlichkeiten wie Alexander von Humboldt oder Franz Liszt verkehrten.

Als die beiden sich kennenlernten, hatte Thomas Mann mit „Buddenbrooks" bereits seinen ersten großen Roman veröffentlicht und leuchtete als aufstrebender Stern am Himmel der deutschsprachigen Literatur. Er mochte in Katia eine Frau gefunden haben, mit der er eine intellektuelle Verständnisebene teilen konnte. Eine Liebesheirat war es hingegen nicht. Ausdrücklich sprach Mann davon, sich mithilfe der Ehe in ein „geordnetes Leben" zurückgezogen zu haben, so wie es die Gesellschaft jener Zeit von ihren angesehenen Bürgern erwartete. Er sprach von einem „strengen Eheglück".

Doch in seiner Entscheidung konnte Thomas Mann keineswegs Zufriedenheit finden. Seine homoerotischen Neigungen sprachen schon damals aus seinen Tagebüchern und verschiedenen Briefen heraus. Natürlich verbot die puritanische Einstellung der damaligen Gesellschaft ein offenes Bekenntnis zur Homosexualität. Viele Betroffene versuchten stattdessen, ihre Gefühle vor sich selbst zu leugnen, und lebten dauerhaft in einem zermürbenden, unüberbrückbaren Zwiespalt zwischen gesellschaftlicher Konformität und eigener Individualität.

Katia Mann wusste um das Defizit der Gefühle ihres Mannes gegenüber ihrer Person. Die junge Frau litt darunter, doch erst Thomas Manns literarische Verarbeitung der Begegnung mit dem jungen Polen am Lido di Venezia führte ihr das wirkliche Ausmaß der Beeinträchtigung ihrer Ehe vor Augen. Sie erkrankte schwer, die Ärzte äußerten schließlich den Verdacht auf Tuberkulose. Wie es in besseren Kreisen zu jener Zeit üblich war, begab sie sich zur Kur nach Davos.

Aus dem persönlichen Drama Katia Manns entsprang ein weiterer Segen für die Welt der Literatur, denn ihr Aufenthalt im Schweizer Sanatorium inspirierte Thomas

Mann zu einem seiner größten Werke: „Der Zauberberg". Seine Lebenslüge vom „strengen Eheglück" aber gab er auf und begegnete seiner Frau fortan mit tief empfundener Dankbarkeit. Daraus erwuchs ein neues Fundament, auf dem es beiden gelang, zu einer tragfähigen Partnerschaft zu finden.

Von den seelischen Schmerzen, die ihn diese Entwicklung kostete, erzählt Mann im „Tod von Venedig". Stellvertretend agiert in der tragischen Geschichte Gustav von Aschenbach als Protagonist. Er ist ein 50-jähriger Schriftsteller und blickt auf ein Leben zurück, das von Erfolgsdruck und zwanghaftem Streben nach Ruhm geprägt ist. In seiner preußisch-strengen Selbstdisziplinierung hat er sich von seinem eigenen Inneren entfremdet. Als er sich der emotionalen Leere seines Daseins schließlich bewusst wird, stürzt ihn dies in eine tiefe Krise.

Er begibt sich auf eine Reise nach Venedig, von wo ihn ein undurchsichtiger Gondoliere zum Lido di Venezia bringt. Dort lässt Thomas Mann ihn ebenfalls im Hotel des Bains absteigen. Und ganz wie seinem Schöpfer fällt auch Aschenbach ein polnischer Junge auf, der mit seiner Familie im gleichen Hotel die Ferien verbringt.

Der alternde Mann kann die Augen nicht mehr von dem Knaben lassen, denn der ist für ihn ein Inbegriff jugendlicher Schönheit. Er führt ihm sein eigenes beginnendes Alter und die eigene Vergänglichkeit schmerzlich vor Augen, zugleich weckt er in ihm eine tiefe Sehnsucht, der er mehr und mehr verfällt. Nie nähert er sich dem jungen Polen, nie spricht er ihn an, stattdessen verbringt er schwül-trübe Tage, um nichts bedacht, als so oft wie möglich den Anblick des Knaben zu suchen und sich an dessen Schönheit zu berauschen.

Zugleich wird Venedig von einer Choleraepidemie heimgesucht. Aschenbach, längst infiziert von Krankheitskeim und Liebesqual, lässt alle Selbstachtung fahren. Verwirrt stürzt er sich in die lächerlichen Abgründe eines zwanghaften Versuchs, durch geckenhaftes Auftreten die eigene Jugend wiederzufinden. Und schließlich verliert er sich im Fieberwahn. Im Liegestuhl am Strand siecht er dahin. Einzig vom Gedanken an den Knaben beherrscht, fällt er schließlich der Cholera ganz zum Opfer. Doch bleibt die Frage offen, ob es die Infektion ist, die zu seinem Tod geführt hat, oder ob es vielmehr die aus seiner inneren Zerrissenheit geborene Todessehnsucht ist, die ihn für die Cholera überhaupt erst empfänglich gemacht hat.

So hat Thomas Mann symbolisch Gustav von Aschenbach an seiner statt sterben lassen und sein eigenes psychisches Dilemma auf diese Weise verarbeitet. Oder, um es mit Manns eigenen Worten zu sagen: „Werther erschoss sich, aber Goethe blieb am Leben.“ Wie so viele bedeutende Werke der Weltliteratur ist auch „Der Tod in Venedig“ ein Krisendokument, ein Spiegel großer Emotionen, eines dramatischen Zwiespalts und einer persönlichen Tragik. Und wenn dies auch in der Novelle kein gutes Ende nimmt, so hat es zumindest Thomas Mann den Weg zu mehr innerer Ruhe ebnen können.

Erstaunlich ist, dass Manns Werk bei seinem Erscheinen keinen Skandal auslöste. Schließlich berührte es mit seinen eindeutigen homoerotischen und pädophilen Motiven zwei der größten gesellschaftlichen Tabus, zugleich entblößte es die innersten Empfindungen des Autors in geradezu vernichtender Rücksichtslosigkeit. Beides mag der Grund dafür sein, dass Mann sich einer ausgesprochen kunstvollen und stilisierten Sprache bedient, wodurch die inhaltliche Brisanz in den Hintergrund tritt. Es ist seine außerordentliche literarische Qualität, die den „Tod in Venedig" davor bewahrte, als Schmuddelliteratur abgestempelt zu werden.

Luchino Visconti verfilmte die abgründige Geschichte 1971 in sehr eindringlichen Bildern. Damit trifft er die dampfig-dunstige und zugleich dekadente Atmosphäre der Erzählung Manns in meisterlicher Weise. Der großartige Film wurde mit vielen Preisen ausgezeichnet, doch ausgerechnet bei den Internationalen Filmfestspielen von Venedig überging ihn die Jury. Der Wettbewerb um den Goldenen Löwen ist das älteste Filmfestival der Welt und Teil der Biennale von Venedig.

Traditionell findet er am Lido di Venezia im Palazzo del Cinema statt. Gleich nebenan liegt das Grand Hotel Excelsior, ein nobler Jugendstilbau, den Mann in seiner Erzählung erwähnt. Seit Bestehen der Filmfestspiele sind hier viele der großen Stars abgestiegen, und noch heute ist das Nobelhotel in Betrieb.

Das 1900 erbaute Grand Hotel des Bains hingegen, in dem Thomas Mann einst logierte, das er zum Ort der Handlung seiner Novelle erkor und wo auch Visconti seinen Film drehte, schloss seine Pforten im Jahr 2010. Zu lange hatte man nötige Investitionen vor sich hergeschoben.

Das Hotel, einst schillernde Herberge der Besserverdienenden dieser Welt, war mittlerweile hoffnungslos heruntergekommen. Es sollte in einen luxuriösen Apartment-Komplex umgebaut werden, doch das Vorhaben scheiterte. Die Fenster wurden vernagelt, das Eisentor mit dicken Ketten verschlossen. Das einstige Prunkstück des Lido di Venezia verschwand hinter einer zwei Meter hohen Wellblechbarrikade, dahinsiechend wie einst der sehnsuchtsgeplagte, cholerakranke Gustav von Aschenbach. Doch schon bald, so heißt es zuversichtlich, soll es in alter Schönheit wiederauferstehen.

Bisàto al spèo – Aal am Spiess

Zutaten für 4 Personen: *1 kg Aal (ausgenommen, ausgewaschen und von der Haut befreit), 2 rote Paprika, 100 g Pancetta-Speck in dünnen Scheiben, 2 rote Zwiebeln, 4 Tomaten, 1 kl. Bd. Blattpetersilie, 1 unbehandelte Zitrone, 2 getrocknete Chilischoten, 2 Knoblauchzehen, 50 ml Olivenöl, Paprikapulver, Salz, Pfeffer*

Zubereitung: *Die Petersilienblättchen abzupfen und grob hacken. Den Aal innen und außen mit Salz und Pfeffer würzen, dann innen mit den Petersilienblättchen füllen.*

Die Zwiebeln schälen und in Ringe schneiden. Die Tomaten halbieren, die Paprika vom Stiel befreien, entkernen und vierteln. Die Speckscheiben und den Aal jeweils in ca. 5 cm lange Stücke schneiden. Nun alles immer im Wechsel auf Spieße stecken, dabei den Speck neben dem Aal platzieren.

Die Knoblauchzehen schälen und fein zerhacken. Die Chilischoten zerbröseln. Die Zitrone waschen, den äußersten gelben Schalenanteil fein abreiben, dann die Zitrone auspressen. Das Olivenöl in eine Schale geben und mit Zitronenschale, Knoblauch, den zerbröselten Chilischoten, Zitronensaft sowie Salz und Pfeffer vermischen. Nun die Spieße gut damit einpinseln, anschließend mit Paprikapulver bestäuben.

Den Grill gut vorheizen und die Spieße auf einem eingeölten Rost auf den Grill legen, eine Saftpfanne darunterstellen. 8-10 Minuten grillen, dabei einmal wenden.

Alternativ kann man die Spieße auch in einer Pfanne in etwas Olivenöl ausbacken.

Mit Ciabattabrot servieren.

Der verwunschene Garten – auf der Suche nach dem grünen Venedig

Venedig ist eine Stadt für Romantiker, eine Stadt für Kunstliebhaber und Kulturbegeisterte. Nur eines ist Venedig zumindest auf den ersten Blick überhaupt nicht: eine Stadt für Natur- und Gartenfreunde. Die allgegenwärtige, dichte Bebauung lässt kaum Platz für Bäume und Parkanlagen, und spätestens nach ein paar Tagen in der Lagunenstadt stellt sich mir erst sachte, dann mehr und mehr spürbar eine immer dringendere Sehnsucht nach Grün ein. So mache ich mich also auf den Weg, um ein paar Inseln der Natur zu suchen.

Ich weiß natürlich, dass zu Peggy Guggenheims Anwesen ein herrlicher Garten gehört. Zwischen alten Bäumen und der Blütenpracht von Stauden und Sträuchern gibt es hier auch Kunst zu entdecken, und bei Peggy Guggenheims Grab finde ich eine steinerne Bank, auf der ich im Schatten eines Olivenbaums ausruhen kann. Yoko Ono hat ihn im Jahr 2003 gepflanzt, verrät mir ein Hinweisschild.

Von Todaro habe ich erfahren, dass sich in der Nähe des Bahnhofs zwei weitere öffentlich zugängliche Parkanlagen befinden: der Giardino Papadópoli, in dem es auch einen kleinen Kinderspielplatz gibt und der wegen seiner Nähe zur Piazzale Roma stark frequentiert ist, und der Parco Savorgnàn, in dem die Venezianer ihre Hunde ausführen. Außerdem findet man rund um die Universitätsgebäude westlich des Canal Grande zahlreiche mehr oder weniger große, stimmungsvolle Gärten, wo sich lauschige Plätzchen auftun und fußmüde Venedigbesucher im Schatten hoher Bäume ein wenig ausruhen können.

Venedigs größter Park sind die Giardini Pubblici di Sestiere Castello ganz im Südosten der Altstadt. Sie gehören zum Gelände der Biennale und wurden einst auf Weisung Napoleons angelegt. Im Norden von Venedig liegt außerdem noch der Parco Groggia, ein stilles Refugium mit Palmen, Lorbeerbüschen und geheimnisvollen Ruinen. Und dazu gibt es noch so manche kleine Hotel-, Kloster- und Privatgärten, die der Öffentlichkeit natürlich nicht zugänglich sind.

Verlässt man aber die Sestieri, die nördlich des Canale della Giudecca liegen, und begibt sich auf die südlich vorgelagerten Inseln der Altstadt, so wird es etwas grüner. Kein Wunder, denn hier lagen die Naherholungsgebiete und Sommerfrischen der wohlhabenden Venezianer. Auf der Insel San Giorgio Maggiore, direkt gegenüber vom Markusplatz, befindet sich einer der größten Gärten Venedigs. Er ist eine Oase mit Wanderwegen zwischen uralten Zypressen, mit einem Klostergarten aus dem 16. Jahrhundert, einem kunstvoll angelegten Heckenlabyrinth und einem modernen Theater im altgriechischen Stil.

Doch es ist ein ganz anderer Garten auf Giudecca, der mein Interesse weckt. Er liegt südlich der markanten Kirche Il Redentore, die nach Plänen des Baumeisters

Andrea Palladio im 16. Jahrhundert zum Dank für die Erlösung der Stadt von einer schrecklichen Pestepidemie errichtet wurde.

Der Garten liegt verborgen hinter hohen Mauern, und eine kleine Brücke über den Rio Croce führt zu seinem Eingangstor. Doch das Tor ist abgesperrt. Es gibt einen Klingelknopf, darüber ein Messingschild mit der verheißungsvollen Inschrift „Giardino Eden". Ich fasse mir ein Herz und drücke den Knopf. Dann warte ich eine Weile, aber nichts geschieht. Der Garten Eden bleibt mir verschlossen. Wie schade. Denn seine uralten Bäume könnten mir bestimmt so manche wundersame Geschichte erzählen.

Zuerst würden sie es vermutlich von sich weisen, wenn ich sie mit dem biblischen Paradies in Verbindung brächte. Nein, würde die alte Zypresse ausrufen, die gleich hinter dem verschlossenen Tor emporragt. Es war nicht das Paradies, das uns unseren Namen gab, sondern nur ein Engländer, der den Garten im 19. Jahrhundert gekauft hat. Und dieser hieß Frederik Eden, so prosaisch ist das. Nach ihm sind wir benannt, so würde die Zypresse mich belehren. Wo also ist das Paradies?

Ich blicke zu dem dunklen Astwerk empor, das wie ein Wegweiser gen Himmel zeigt. Aber, halte ich der Zypresse entgegen, euer Garten ist gut versteckt, und kein Normalsterblicher weiß, wie er den Zugang dazu erhalten kann. Erhärtet das nicht den Verdacht, dass er vielleicht doch etwas mit dem Paradies zu tun haben könnte?

Mir ist, als schüttle die Zypresse ihre verästelten Schuppenblätter sachte im Wind. Das musst du schon selbst entscheiden, raunt sie mir zu, verweile ein wenig und lausche, dann will ich dir unsere Geschichte erzählen.

Als Andrea Palladio seine Kirche Il Redentore baute, da kamen auch Mönche, die in der Nähe des neuen Gotteshauses ein Kloster gründeten. Es waren fromme Kapuziner, und weil sie fortan ihr Leben auf der Insel Giudecca verbringen wollten, legten sie einen Garten für Kräuter, Gemüse und die stille Einkehr an. Einer dieser Mönche ist es gewesen, der mich vor mehr als 400 Jahren als kleines Bäumchen pflanzte, und seit dieser Zeit stehe ich neben dem Tor und haben alle gesehen, die hier ein- und ausgegangen sind.

Die Mönche blieben für eine Weile, doch eines Tages gaben sie das Kloster auf. Sie verkauften es an eine Patrizierfamilie, die eine prächtige Villa an seiner statt errichtete. Kräuter- und Gemüserabatten mussten weichen, an ihrer Stelle wurden herrliche Rosenbeete angelegt. Die üppigen Blüten tauchten den Garten in eine Sinfonie aus zarten Farben und verströmten einen betörenden Duft. Deshalb nannten die neuen Besitzer ihr Anwesen „Villa delle Rose“.

Über viele Jahre hinweg lustwandelten die feinen Damen und Herren in diesem Garten, und immer kamen sie an mir vorbei, wenn sie ihn besuchen wollten. Ich sah die vornehmsten Seidengewänder, sorgsam gepuderte

Gesichter und kunstvoll aufgesteckte Frisuren, und wenn am Abend große Feste im Garten gefeiert wurden, dann glänzten seine Bäume im Licht der Lampions, und eine sanfte Brise trug die Klänge beschwingter Musik bis hinüber zu mir.

Doch eines Tages verstummte die Musik, niemand kam mehr im Festgewand, und auch die fleißigen Gärtner blieben fern. Rosen und Sträucher streckten ihre Zweige aus, um die pflegenden Hände zu suchen, doch vergebens. Sie fanden nur einander. Ihre Äste berührten sich, verschlangen sich allmählich tastend ineinander und verloren sich schließlich in Wirrnis und Gestrüpp.

Währenddessen bewachte ich den Eingang und hoffte, dass endlich jemand käme und die Verzweifelten erlösen möge. Doch lange Zeit wartete ich vergebens. Bis eines Tages ein englisches Paar die morsche Eingangstüre öffnete. Sie knarzte widerwillig in ihren rostigen Scharnieren, und das verfallene Mauerwerk bröckelte, als sie sich endlich bewegte. Beiläufig wischte die Dame etwas Mörtel von ihrer Schulter, denn längst schon war ihr Augenmerk auf den Garten gefallen. In den verwilderten Beeten, den alten Obstbäumen und Oliven, den Zypressen und den verwahrlosten Steinskulpturen erkannten die beiden Engländer dessen wahren Wert. Caroline und Frederick Eden kauften den Garten und machten sich daran, ihn in einen englischen Park zu verwandeln. Rosen, Bäume und Gebüsch wurden ordentlich geschnitten, neue Sträucher und Stauden gepflanzt, gefällige Statuen aufgestellt und eine wunderbare Pergola errichtet.

Die Schwester der Frau war nämlich Gertrude Jekyll, die Schöpferin des englischen Landgartenstils. Als begnadete Gartengestalterin schenkte sie auch uns die Wohltat ihrer Inspiration. Und ihr Ruhm lockte so manchen illustren Gast in das Zauberwerk unserer kleinen Zufluchtsstätte. Im Schatten unserer Bäume wandelten Gabrielle d'Annunzio und Eleonora Duse, der exaltierte Dichter und die begnadete Schauspielerin, die sich in Venedig kennen und lieben gelernt hatten. Henry James reiste aus New York an, Marcel Proust kam aus Paris herbei, und aus Prag traf Rainer Maria Rilke ein. Die Literaten schöpften künstlerische Schaffenskraft aus dem Liebreiz des Giardino Eden. Umschwärmt von tausend Schmetterlingen saß Rilke im Frühling des Jahres 1910 hier unter der Pergola, schrieb an Maria von Thurn und Taxis und berichtete der Adelsprinzessin von unserem magischen Refugium.

Doch habe ich in jener Zeit auch Schreckliches gesehen. Der junge französische Künstler Jean Cocteau kam gemeinsam mit seinem Freund Raymond Laurent, dem Mitbegründer einer demokratischen Partei. Unter der Pergola gerieten die beiden ins Gespräch mit einem amerikanischen Burschen. Ich verstand zunächst nicht, worüber sie redeten. Doch ihre Diskussion geriet immer hitziger, schließlich brüllten sie sich an und außer Fassung stürmte Laurent an mir vorbei aus dem Park hinaus.

Die anderen beiden stritten in leiserem Ton noch eine Weile fort, bis sie Laurent endlich folgten. Doch da war es bereits zu spät. Der unglückliche Raymond Laurent hatte sich auf den Stufen der Kirche Santa Maria della Salute eine Kugel in den Kopf gejagt.

Niemand ahnte, was ihn in den Selbstmord trieb. Nur die alten Bäume des Giardino Eden wussten um sein Leid, und ihre Blätter flüsterten im Wind davon. Laurent umschwärmte den jungen Cocteau, jedoch in diesem war ein stürmisches Verlangen nach dem Amerikaner entbrannt. Der bedauernswerte Cocteau verzweifelte schließlich an seinem gebrochenen Herzen. Seine tragische Geschichte zog Männer, die Männer lieben, in ihren Bann, und für eine Weile kamen viele davon in unseren Garten, um mit sehnsuchtsvoller Schwermut vom verlorenen Glück des Franzosen zu träumen.

Die Jahre vergingen, und 1928 folgte schließlich die inzwischen 91-jährige Caroline Eden ihrem Mann ins Grab. Die Witwe des griechischen Königs, Aspasia Manos, kaufte unseren Garten, denn sie hoffte, hier Trost zu finden. Ihr Mann, König Alexander I., war wenige Jahre zuvor an den Folgen eines Affenbisses gestorben.

Da hatte er soeben erst die Nachfolge seines Vaters Konstantin I. angetreten, dessen eigene Regierungszeit sehr unglücklich verlaufen war. Deshalb sah Konstantin sich gezwungen, zugunsten seines Sohnes vorzeitig abzudanken. Verzweifelt über das frühe Ableben des Sohnes machte er nun die junge Witwe Aspasia für dessen Schicksal verantwortlich, besonders, als ein knappes halbes Jahr nach dem Tod Alexanders die Tochter Alexandra zur Welt kam, das einzige Kind des königlichen Paars. Nur ein Mädchen, wo das Land doch jetzt so dringend einen Thronfolger gebraucht hätte! Das konnte Konstantin seiner Schwiegertochter nicht verzeihen, und er hetzte das griechische Volk in übelster Manier gegen sie auf. Die Unglückliche floh nach Venedig und suchte endlich Zuflucht in unserem Garten. Bis zu ihrem Tod im Jahr 1972 lebte sie hier einsam und zurückgezogen, dabei langsam immer tiefer in die Abgründe geistiger Umnachtung hinabgleitend. Und währenddessen verschlangen sich die Zweige der Bäume und Sträucher ganz allmählich wieder miteinander, verloren sich in Wildnis und wucherndem Gestrüpp.

Doch nur wenige Jahre vergingen, bis wir erneut Hoffnung schöpften. Wieder kam ein Künstler zu uns, es war Friedensreich Hundertwasser, der den Giardino Eden 1979 kaufte. Für eine gewisse Zeit lebte Hundertwasser im Gartenhaus, und er verwandelte den Garten in einen märchenhaften Dschungel. Doch seine vielen Vorhaben und Projekte zogen ihn wieder fort, und seit er im Jahr 2000 gestorben ist, verharren wir wieder wartend. Bis vielleicht eines Tages ein neuer Besitzer durch die Pforte treten und uns aus unserem Dornröschenschlaf erwecken wird.

Gedankenverloren betrachte ich die alte Zypresse. Über die Mauern des Gartens fließen zahlreiche Äste,

Zweige und junge Triebe wie die Wogen eines grünen Meeres, die an den Fesseln ihres Deiches nagen. Wie gerne würde ich hineingehen und den verwunschenen Garten betrachten. Aber niemand öffnet mir das Tor. Fragend blicke ich an der schlanken Silhouette der Zypresse empor, doch sie schweigt. Nur ihr schuppiges Blattwerk rauscht leise im Wind.

Crema fritta alla veneziana – ein venezianisches Dessert

Zutaten für 4 Personen: *500 ml Vollmilch, 100 g Mehl, 15 g Maisstärke, 100 g Zucker, 4 Eier, 2 Eigelb, 1 unbehandelte Zitrone, 150 g Paniermehl, Sonnenblumenöl*

Zubereitung: *Die Zitrone waschen und mit einem Sparschäler den äußersten gelben Schalenanteil dünn abschälen. Die Milch in einen Topf geben, die Schale hinzufügen und aufkochen. Zwei Eier und die Eigelb in einer Schüssel mit dem Zucker schaumig aufschlagen. Das Mehl und die Maisstärke einrieseln lassen und weiter schlagen, bis die Mischung klumpenfrei ist. Die Milch von Herd nehmen, die Zitronenschale entfernen und die Mehlmischung unter Rühren hinzugehen. Bei niedriger Hitze erwärmen und rühren, bis die Creme dickt. Auf ein kalt abgespültes Backblech gießen, Frischhaltefolie darüber ausbreiten und mit einem Spatel glatt streichen. Abkühlen lassen und 3 Stunden in den Kühlschrank stellen. Dann in Rauten von ca. 5 cm Kantenlänge schneiden. Die restlichen Eier mit dem Paniermehl vermischen und die Rauten darin wälzen. Reichlich Sonnenblumenöl in einer Pfanne erhitzen und die Rauten von beiden Seiten goldbraun ausbacken. Auf Küchenkrepp entfetten und heiß servieren.*

Sic transit gloria mundi – Pesthauch über der Lagune

Im Handel mit dem Orient lag die Wurzel des venezianischen Reichtums. Doch niemand konnte ahnen, dass dieser Segen sich eines Tages umkehren sollte. Und die Kehrseite der Medaille zeigte ein grausames schwarzes Antlitz. Denn sie war der Schwarze Tod.

Zu Beginn des Jahres 1348 löste eine venezianische Galeere ihre Leinen am Pier des Schwarzmeerhafens Kaffa und setzte Segel, um in die Heimat zurückzukehren. Die Seefahrer waren frohen Mutes, nur noch wenige Tage, und sie würden wieder bei ihren Lieben sein.

Die Stadt Kaffa auf der Halbinsel Krim diente als Handelsposten der Mongolen. Über die Seidenstraße transportierten sie begehrte Produkte aus dem fernen China herbei. Die Venezianer hatten ihnen Glas verkauft und dabei gute Geschäfte gemacht. Der Bauch der Galeere strotzte nun vor Seidenstoffen, Porzellan, Jade, Gewürzen und Parfüm. Sogar ein paar Bündel mit exotischen Pelzen befanden sich unter der Ladung. Und wie immer hatten sich auch Ratten an Bord geschlichen, eine lästige Plage, die sich nicht unterbinden ließ. Das musste man eben hinnehmen, wenn man zur See fahren wollte.

Das Fell dieser Ratten aus Kaffa wimmelte nur so von Flöhen. Auch das war nicht weiter ungewöhnlich. Was die Seefahrer nicht wussten, war jedoch, dass die Flöhe dieses Mal den Keim einer schrecklichen Krankheit in sich trugen. Schon bald verendeten die Ratten elendiglich daran, und die hungrigen Flöhe, die selbst immun gegen den Erreger waren, sprangen mangels anderer Wirte auf die Seeleute über.

Es dauerte nur wenige Stunden, da entdeckten die ersten dunkle, eitrige Beulen an ihren Leisten und unter den Achseln. Sie fühlten sich zunehmend elend, bedingt durch ein rasch steigendes Fieber, und höllische Kopfschmerzen peinigten die Bedauernswerten. Doch schon bald erlöste der Tod die ersten von ihren Qualen. Als die Galeere in Venedig anlegte, lebte nur noch die Hälfte der Mannschaft. Und auch den meisten dieser Männer ging es schlecht. Schnellstmöglich schleppten sie sich nach Hause und warfen sich dort auf ihre Lager.

So nahm das Unheil seinen Lauf. Die besorgten Ehefrauen eilten durch die Stadt, um Medizin zu kaufen, die Apotheker erzählten ihren Familien von den kranken Seemännern. Die Apothekerfrauen berichteten ihren Nachbarinnen davon, und so ging es weiter durch die ganze Stadt. Die Menschen schleppten die Pestkeime mit sich von Haus zu Haus. Der lebhafte Hafenbetrieb trug sein Übriges dazu bei, für die schnelle Ausbreitung der Seuche zu sorgen. Und was die Menschen nicht vollbrachten, das erledigten die Ratten. Denn Ratten waren in Venedig stets allgegenwärtig. Auch in ihrem Fell lebten Flöhe, von denen sich das pestauslösende Bakterium bis in die letzte Gasse der Lagunenstadt bringen ließ.

Was die unheimliche Krankheit verursachte und wie sie sich verbreitete, wusste niemand im mittelalterlichen Venedig. Seit der Spätantike hatte es keine Pestepidemie mehr gegeben. Umso größer war das Entsetzen, als die Seuche nun innerhalb kürzester Zeit reihenweise ihre Opfer forderte. Die meisten, die sich infiziert hatten, lebten keine drei Tage mehr. Und die Pest unterschied nicht zwischen Reichen und Armen, zwischen Mächtigen und Dienstboten oder Jung und Alt.

Bald waren Höfe, Straßen und Plätze mit Bergen von Leichen gefüllt. Zehntausende fanden den Tod, und niemand wusste ein Heilmittel. In ihrer Hilflosigkeit schnitten Ärzte die Pestbeulen auf, ließen Patienten zur Ader und verordneten fantasievolle Diäten. Doch vergebens. Die Mediziner konnten sich nicht einmal selbst helfen. Von den 24 Ärzten der Stadt starben 20.

Die selbstbewusste Regierung von Venedig weigerte sich, die Katastrophe einfach tatenlos hinzunehmen. Schon einen Monat nach Ausbruch der Seuche beriefen die Überlebenden des Rats eine Kommission ein, um einen Krisenplan aufzustellen.

Als erste Maßnahme beschlossen die Delegierten, alle Kranken auf separaten Inseln zu isolieren. Amtsmänner in den einzelnen Sestieri trugen dafür Sorge, dass Neuinfektionen umgehend gemeldet und die Kranken abtransportiert wurden. Keiner verließ die Isolationsinseln lebend, und wer seine Angehörigen dort aufsuchte, der musste selbst bleiben. Die Toten, oft sogar schon die Sterbenden wurden in Massengräber geworfen. Um das bewerkstelligen zu können, verdammte der Rat die Totengräber der Stadt dazu, auf den Inseln zu arbeiten. Dieser Zwangsdienst bedeutete für die meisten den sicheren Tod. Genauso erging es den Barkenruderer, die die Kranken und Toten zu den Inseln befördern mussten, die Stadt aber nicht mehr betreten durften.

Läden und Tavernen schlossen, das öffentliche Leben stand still. Plünderer durchstreiften die verwaisten Häuser, in denen ganze Familien ausgelöscht worden waren. Nach einem knappen halben Jahr kapitulierte schließlich auch der Rat der Serenissima. Zu viele seiner Mitglieder waren der Pest erlegen oder aus der Stadt geflohen. Diese Leute konnten nicht wissen, dass es auch außerhalb von Venedig kein Entkommen mehr gab. Mitte des 14. Jahrhunderts forderte die Pandemie, die auch noch andere Eintrittswege auf den Kontinent fand, in Europa geschätzte 25 Millionen Opfer, ein Drittel der gesamten Bevölkerung.

Der Senat von Venedig, die einzige Verwaltungsbehörde, die weiterhin tätig blieb, erließ schließlich ein striktes Einreiseverbot. Und weil die Überlebenden nun so niedergeschlagen in ihrer Trauerkleidung durch die Gassen schlichen, untersagten die Senatoren das Tragen dunkler

Kleidung gleich mit dazu. Als habe diese Maßnahme Wunder gewirkt, flaute die Pest Ende August so schnell wieder ab, wie sie über die Stadt hereingebrochen war. Das Unheil schien besiegt.

Doch der Schein trog. In den kommenden Jahrzehnten brach die grausame Krankheit mit unschöner Regelmäßigkeit alle sieben bis acht Jahre wieder über die Stadt herein. Die Ratsherren reagierten mit Empörung. Venedig war schließlich eine der mächtigsten Städte der Welt, wie konnte die heimtückische Seuche es wagen, diese Macht infrage zu stellen? Wenn nicht Venedig dem Schwarzen Tod etwas entgegenzusetzen hatte, wer dann?

Durch die Entschlossenheit der Ratsherren avancierte die Serenissima schließlich zur Vorreiterin der Seuchenbekämpfung. Als erste europäische Stadt erhielt Venedig ein Pestkrankenhaus. Es wurde auf einer Insel in der Lagune errichtet, die 50 Meter westlich des Lido di Venezia liegt. Hier befand sich bereits eine Kirche, die Santa Maria di Nazareth. Diesen Namen verwandelte der Volksmund schnell in den Begriff „Lazarett“, das Pestspital ist deshalb unter dem Namen „Lazzaretto Vecchio“ berühmt geworden.

Allerdings war es auch berüchtigt, denn es galt als Ort des Schreckens. Nur die Wenigsten kehrten von hier wieder zurück. Eine wirksame Arznei existierte nicht, niemand konnte geheilt werden. Die aufbrechenden Pestbeulen verströmten einen bestialischen Gestank in den 100 Räumen und Sälen des Krankenhauses. Begleitet von

Stöhnen, Klagen und Schmerzensschreien der Leidenden vermischte er sich mit dem von außen eindringenden Qualm verbrennender Leichen.

Doch wenigstens wurden die Kranken hier einigermaßen versorgt und gepflegt, anders, als es zuvor auf den Isolationsinseln der Fall gewesen war. Die Bediensteten, der Geistliche und der Arzt des Lazaretts erhielten als Ausgleich für ihr Risiko eine stattliche Entlohnung.

Als die wiederkehrenden Epidemien aber trotz allem kein Ende nehmen wollten, entschloss sich die Stadt zu einer weiteren Maßnahme. 1468 nahm sie auf einer zweiten Insel das „Lazzaretto Nuovo“ in Betrieb. Doch dieses diente nicht der Krankenpflege. Vielmehr schickte man die Besatzungen neu eingetroffener Schiffe mitsamt ihrer Ladung zunächst in dieses Lazarett, wo sie erst 30, bald aber schon 40 Tage lang isoliert blieben. In dieser Zeit sollte sich erweisen, ob eine Krankheit in ihnen schlummerte. Wenn sich nach Ablauf von 40 Tagen keine Symptome zeigten, durften sie gehen. Vierzig Tage – „quaranta giorni“: Die Quarantäne war geboren. Wer es wagte, sie zu brechen, den erwartete der Galgen. Zur Abschreckung ragte er bereits am Ufer der Insel empor.

Die Maßnahmen der Stadt waren so vorbildlich wie drastisch, doch gaben sich die Ratsherren noch immer nicht zufrieden. Sie gründeten 1485 eine Gesundheitsbehörde. Deren Beamte erfüllten ein breit gefächertes Aufgabenspektrum. Sie überwachten Bäder, Friseure und Ärzte, kontrollieren Krankenhäuser, Zisternen, Märkte, Läden, Tavernen und Bordelle. Besonderes Augenmerk fiel auf die Viertel der Armen. In überfüllten, feuchten und düsteren Mietwohnungen hausten hier die Tagelöhner, die Kanalreiniger, Totengräber, Abfallsammler und Hilfsarbeiter, vor den Türen lungerten abgehalfterte Huren herum und warteten auf Kundschaft, in den Ecken und unter Torbögen vegetierten Obdachlose und Bettler vor sich hin. Die hygienischen Zustände waren haarsträubend, nur die Ratten fanden sie paradiesisch und wuselten zu zigtausenden durch Häuser und Gassen. Und durchaus wusste man bereits, dass diese Viertel Brennpunkte für das Aufkeimen neuer Krankheiten darstellten.

Wer seinen kranken Nachbarn denunzierte, erhielt eine Belohnung. Priester wurden angewiesen, letzte Ölungen umgehend der Behörde zu melden. Die Beamten führten Listen, auf denen die Namen der Erkrankten und Verstorbenen registriert wurden, und überwachten deren Angehörige in der Folgezeit akribisch. Beim ersten Anzeichen einer Infektion verbannte man sie ins Lazarett. Ihre Häuser erhielten eine deutlich sichtbare Markierung, die Türen wurden vernagelt. Wer das Haus trotzdem betrat oder verließ, den erwartete eine drakonische Strafe.

Doch all diese Maßnahmen konnten nicht verhindern, dass die Seuche immer wieder einen Weg fand, die Menschen erneut zu drangsalieren. In der Folge eines verheerenden Ausbruchs im Sommer 1575 reduzierte sie die Zahl der 160.000 Venezianer im Laufe von zwei fürchterlichen Jahren um die Hälfte. Prominentestes Opfer dieser Epidemie war der hochbetagte Maler Tizian. Auf der anderen Seite verdankt die Stadt ihr die Kirche Il Redentore des Baumeisters Palladio, der wir schon im letzten Kapitel begegnet sind. Und mit der alljährlich am dritten Julisonntag stattfindenden „Festa del Redentore" gedenkt Venedig bis zum heutigen Tag der damaligen Erlösung von der Pest. Dann wird eine 330 Meter lange Brücke aus Booten quer über den Canale della Giudecca gelegt, worauf eine Prozession stattfindet, es gibt zahlreiche Konzerte, ein Festmahl und ein abschließendes Feuerwerk.

Doch damals, im Jahr 1577, freute man sich zu früh. Nach mehr als 20 Pestepidemien herrschte nun zwar 53 Jahre lang Ruhe. Venedig wähnte sich schon erlöst, da ging es wieder aufs Neue los. Es geschah im Juni des Jahr 1630, noch stand die Serenissima in der Blüte ihres Reichtums und ihrer Pracht. Sie war die Nahtstelle zwischen Orient und Abendland, das pulsierende Herz des Handels auf dem europäischen Kontinent. Ein buntes Treiben herrschte auf Straßen und Plätzen, hier tummelten sich Händler aus Arabien, der Türkei und Schwarzafrika, Söldner aus ganz Europa, Pilger aus dem Norden, Reisende, Geschäftsleute und Diplomaten aus aller Welt. Und einer von ihnen brachte den Pestauslöser mit zurück in die Lagunenstadt.

Keine andere Stadt war zu jener Zeit so gut auf einen Seuchenausbruch vorbereitet wie Venedig. Vielleicht hätte sich das Schlimmste verhindern lassen, wenn man Sofortmaßnahmen ergriffen hätte, eine Quarantäne für Neuankömmlinge und die Isolation von Kranken auf der Lazarettinsel.

Doch der Rat zögerte. Denn gäbe man den Ausbruch der Pest offiziell bekannt, so wären die Auswirkungen auf die Wirtschaft verheerend. Händler aus anderen Ländern würden fernbleiben, Venezianer die Flucht ergreifen, Chaos und Panik sich ausbreiten.

Das Zögern erwies sich jedoch als fatal. Als der Rat Ende Juni erstmals das Auftreten einzelner Pestfälle einräumte, war es bereits zu spät. Der Erreger hatte sich schon bis in die letzten Winkel von Venedig ausgebreitet. Tausende verließen nun die Stadt und schleppten ihn auch noch mit sich ins venezianische Hinterland.

Und statt wenigstens jetzt sofort die altbewährten Schritte einzuleiten, empfahl der Rat, die Infektion durch gottgefälliges Verhalten abzuwehren. Alle Feste, jede Form von Glücksspiel, opulente Bankette, aufreizende Kleidung und das Tragen von auffälligen Juwelen wurden strengstens verboten. Bettler entfernte man von öffentlichen Plätzen, sie wurden aber auf Staatskosten versorgt. Das, so die Hoffnung, möge Gott milde stimmen.

Als Gott nicht wie gewünscht reagierte, kehrte man den Spieß einfach um. Alle Bettler, die nicht venezianischer Abstammung waren, schickte man in die Verbannung. Die andern verpflichtete man zur Zwangsarbeit auf Galeeren, auf den Barken, die zu den Lazarettinseln übersetzten, und in den beiden Lazaretten selbst. Denn in den Bettlern meinte man, die Schuldigen für die erneute Epidemie ausgemacht zu haben.

Erstmals wurde nun zugegeben, dass die Krankheit sich offenbar durch Ansteckung verbreitete. So ergriff man entsprechende Maßnahmen. Die Infizierten, so glaubte man, müssten wohl eine Art von schädlichen Dünsten von sich geben, die sich dann in der Luft, im Wasser und auf dem Boden niederschlügen. Von dort stiegen sie als Pesthauch wieder auf. Die Ärzte schützten sich mit langschnäbeligen Masken, in denen sie allerlei vermeintlich schützende Kräuter unterbrachten.

Und weil Gott bisher nicht helfend eingegriffen hatte, wandte sich der venezianische Rat an dessen Mutter. Man versprach ihr eine neue Kirche im Wert von 50.000 Dukaten, wenn sie die Stadt nur endlich von der Pest erlösen würde.

Doch zunächst verschlimmerte sich die Lage. Täglich starben 500 Menschen. Venedig war isoliert, wieder blieben Läden, Werkstätten und Kneipen geschlossen. Die Menschen verdienten kein Geld, sie hatten immer weniger zu essen. In den Gassen sah man allenfalls noch die unheimlichen Pestärzte mit ihren Schnabelmasken, Behälter mit brennendem Wacholder und Rosmarin schwenkend. Damit hofften sie, den Pesthauch abwehren zu können. Ermattete Kranke taumelten durch die Stadt, geleitet von

Wächtern, die sie zu den Lazarettbarken drängten. Totengräber zogen überfüllte Leichenkarren, auf den Kanälen dümpelten finstere Gondeln voller Pestopfer. Es war ein gespenstischer Anblick. Das Grauen hatte die Stadt zurückerobert.

18 Monate lang hielt die Pest Venedig fest in ihren unerbittlichen Klauen. Am Ende waren 46.536 Tote zu beklagen. Nie wieder würde die Stadt zu ihrer alten Pracht und Wirtschaftsmacht zurückfinden. Und dennoch hielt die Serenissima ihr Wort: Als Dank für das Ende der Pest errichtete sie der Muttergottes im Westen des Sestiere Dorsoduro die Santa Maria della Salute an der südlichen Einfahrt zum Canal Grande. Allein das Fundament verschlang die versprochenen 50.000 Dukaten. Weil Baukosten schon immer gern aus dem Ruder liefen, musste Venedig am Ende sogar mehr als 420.000 Dukaten für die Barockkirche aufbringen. Doch sie ist der Stadt als imposante Erinnerung an die Schrecken der Pest erhalten geblieben.

Sie – und die schaurige Schnabelmaske der Pestärzte, die zum typischen Utensil des venezianischen Karnevals geworden ist.

Melanzane a funghetto al forno – Auberginen aus dem Ofen „zubereitet wie kleine Pilze“

Zutaten für 4 Personen: *800 g Auberginen, 400 g Tomaten aus der Dose (stückig), 1 Knoblauchzehe, 8 Basilikumblättchen, 20 schwarze Oliven (entsteint), 1 El Oregano, 50 ml Olivenöl, Salz, Pfeffer*

Zubereitung: *Die Auberginen waschen, den Strunk entfernen und die Auberginen in Würfel schneiden. In eine Schüssel geben, die Tomaten, das Olivenöl, die Oliven und den Oregano hinzugeben, salzen und pfeffern. Die Knoblauchzehe schälen und fein hacken. Die Basilkumblättchen grob zerreißen. Beides mit in die Schüssel geben und alles gut miteinander vermengen.*

Ein Backblech mit Backpapier auslegen und die Mischung darauf verteilen. Die Auberginenwürfel sollen dabei nicht übereinanderliegen.

Den Backofen auf 180°C vorheizen und die Auberginen im unteren Bereich des Ofens 45 Minuten lang backen. Nach der Hälfte der Zeit wenden.

Mit Ciabattabrot servieren.

Eine in Venedig bekannte Variante dieses Gerichts verwendet nur die in spaghettidünnen Streifen drei Millimeter dick abgeschälten violetten Schalen der Auberginen. In einer Pfanne wird reichlich Knoblauch in Olivenöl gebraten, dann wird der Knoblauch entfernt und die Auberginen werden zusammen mit gehackter Blattpetersilie, Salz und Pfeffer bei geschlossenem Deckel unter gelegentlichem Rühren geröstet. Man kann sie auf diese Art komplett garen und als Beilage servieren oder aber sie lediglich anbraten und dann wie im Rezept oben weiterverfahren.

In The Ghetto – die Juden von Venedig

Heute hat mich mein Spaziergang ins Sestiere Cannaregio geführt. Das ist der nördliche Teil der Altstadt, hier befinden sich ihre dichtbesiedeltsten Wohngebiete. Die Häuser wirken weitaus schmuckloser und gewöhnlicher als die Prachtbauten am Canal Grande, vielen Fassaden hat die Zeit fleckige Male der Tristesse aufgedrückt. Im Sestiere Cannaregio herrscht venezianischer Alltag, der im Schatten der Serenissima stattfindet und nichts von ihrem Prunk zu wissen scheint.

Aus einer der engen Gassen trete ich auf eine schmale Brücke. Über einen Kanal hinweg leitet sie den Weg weiter in einen Sotoportego, der unter einer erstaunlich hohen Häuserwand hindurchführt. Die Fenster in der schmuddeligen beige-rosa Fassade sind von dunkelgrünen Klappläden verschlossen, nur in der dritten Etage stehen sie halb offen, und eine Wäscheleine spannt sich von einem Fenster zum nächsten. Auch in der obersten Etage entdecke ich ein offenes Fenster, an dem sich kurz eine alte Frau zeigt. Ich zähle sieben Stockwerke. Das ist ungewöhnlich für Venedig, wo doch die Grenzen der Stabilität des Unterbaus so schnell erreicht sind.

Hinter dem düsteren Durchgang öffnet sich ein recht großer Platz, auf dem es sogar ein paar Bäume gibt. Die Fassaden der hohen Häuser glotzen aber auch hier bloß trüb und freudlos auf das Pflaster hinab. Denn die schmale Brücke hat mich geradewegs zum Ghetto Nuovo geführt.

Das Ghetto Nuovo ist eine kleine Insel im Sestiere Cannaregio, gute 100 Meter lang und fast genauso breit. Hier gab es im Mittelalter die „neue Gießerei", im damaligen Italienisch „geto novo" genannt („getto di metallo" bedeutet noch heute „Metallguss"). Der Berufsstand der Eisengießer konnte sich nicht gerade eines hohen Ansehens erfreuen, und die räumliche Nähe zu Gießereien wurde von den anderen Bürgern tunlichst gemieden. Denn die Schmelzöfen, in denen wahre Unmengen von Holz verfeuert wurden, verursachten nicht nur abstoßende Emissionen, von ihnen ging auch eine nicht unerhebliche Brandgefahr aus. Kein Wunder also, dass man die „Neue Gießerei" in Venedig auf eine eigene Insel verbannte.

Als der Schwarze Tod die Stadt Mitte des 14. Jahrhunderts mit der ersten grauenhaften Pestwelle heimsuchte, setzte ihr nicht nur der Verlust zahlloser Bürger zu. Nach Abklingen der Epidemie lag auch die Wirtschaft am Boden. Die Eisengießerei auf der kleinen Insel im Sestiere Cannaregio musste schließen, wie zahllose andere Betriebe auch. In der Staatskasse gähnte bodenlose Leere, und der Handel kam nur sehr schleppend wieder in Gang. Zu viele tüchtige Geschäftsleute hatten ihr Leben gelassen, die Vermögen der Familien waren nach den lähmenden Monaten erschöpft. Mutlosigkeit und Schwermut lagen wie ein bleiernes Tuch über der Stadt. Was konnte man tun, um die Geschäfte wieder in Gang zu bringen?

Verschärft wurde die prekäre Situation, weil ausgerechnet jetzt die konkurrierenden Städte Verona und Genua Kriege gegen Venedig anzettelten. Offensichtlich dachte man, die durch die Pest bedingte Schwäche zum eigenen Vorteil ausnutzen zu können. Venedig setzte sich erfolgreich zur Wehr, doch in der Folge gab es nun erst recht keine finanziellen Reserven mehr. Eine kräftige Geldspritze tat not, doch woher sollte man sie nehmen?

Da fiel das Augenmerk der venezianischen Elite auf die Juden. Bisher hatten sie nicht gerade zu den gern gesehenen Gästen gehört. Man duldete sie bestenfalls als Händler, doch in der Stadt niederlassen durften sie sich nicht. Während ihrer geschäftlichen Aufenthalte wohnten Juden aus den deutschsprachigen Ländern im Fondaco dei Tedeschi, alle anderen mussten sich auf dem Festland eine Bleibe suchen.

Doch der Schwarze Tod änderte die Situation. In ihrer Not hatten die Menschen vielerorts in Europa Sündenböcke gesucht, denen sie die Schuld an der schrecklichen Krankheit in die Schuhe schieben konnten. Da bot es sich an, die Juden verantwortlich zu machen. Denn die hatten doch schließlich auch schon Jesus Christus umgebracht! Deshalb betrachteten die Christen des Mittelalters ohnehin alle Juden als Feinde. Und weil Staat und katholische Kirche noch eine Einheit bildeten, drängte man die

Juden an den Rand der Gesellschaft. In Zunftgewerbe oder Landwirtschaft zu arbeiten, blieb ihnen untersagt. So konnten sie ihren Lebensunterhalt nur durch Handel oder Geldverleih bestreiten. Dass viele von ihnen damit gutes Geld verdienten, war ihrer Beliebtheit unter der christlichen Bevölkerung nicht eben zuträglich.

Als nun die Pest ausbrach, da bezichtigte man sie, Gift gemischt und die Brunnen damit verseucht zu haben. Dass die Krankheit Juden genauso wie Christen traf, übersah man dabei geflissentlich. Überall entlud sich die Wut in blankem Hass, in ganz Europa kam es zu schweren Pogromen, zu Morden und zur Vertreibung der Juden.

Der Rat von Venedig erkannte den Nutzen, den er aus dieser Situation ziehen konnte. Venedig öffnete sich für die heimatlos gewordenen Juden und erlaubte es ihnen, sich zumindest befristet auf venezianischem Boden niederzulassen. Aus ganz Europa strömten Juden in die Lagune. Zwar durften sie hier keinen Grund und Boden erwerben und kamen auch nicht in den Genuss der vollen Bürgerrechte. Auch sahen sie sich mit Vorurteilen, Anfeindungen und sozialer Diskriminierung konfrontiert. Doch durften sie immerhin ihre Religion ausüben sowie ihren Geld- und Handelsgeschäften nachgehen. Für Letzteres mussten sie hohe Steuerzahlungen leisten, wovon die Stadt profitierte.

Der Doge gab ein Gutachten in Auftrag, um zu klären, ob die Anwesenheit der Juden dem Seelenheil der Christen abträglich sein könnte. Das Gutachten verneinte die Gefahr, Venedigs Politik der religiösen Toleranz schien also akzeptabel zu sein. Damit die Juden sich aber nicht allzu wohlfühlen sollten, mussten sie durch spezielle Markierungen stets für alle anderen zu erkennen sein. Zunächst hatten sie ein gelbes Zeichen an ihrer Kleidung zu befestigen, später befahl man ihnen, einen gelben Hut zu tragen und schließlich einen schwarzen.

Auf Geheiß des Rates gründeten sie nun „Armenbanken", bei denen sich alle bedürftigen Bürger Geld leihen konnten. Außerdem zwang man sie im Gegenzug für ihre Aufenthaltserlaubnis, die Stadt selbst mit äußerst zinsgünstigen Darlehen zu versorgen. So kam recht bald wieder neuer Schwung in Venedigs Wirtschaft.

Eine Zeit lang funktionierte das Abkommen zwischen Stadt und Juden recht gut. Doch 1508 wurde die Liga von Cambrai unterzeichnet, ein breit gefasstes Bündnis päpstlicher, deutscher, spanischer und französischer Truppen. Augenscheinlich sollte es dem Feldzug gegen die Osmanen dienen, wandte sich aber tatsächlich gegen die Republik Venedig. Indem sie Venedig entmachteten, hofften die Verbündeten, ihren eigenen Einfluss in Italien ausbauen zu können. Es kam zum Krieg. Venedig verlor wichtige Territorien in Norditalien, und erneut klafften tiefe Löcher in den Kassen.

Der Ärger der Bürger richtete sich gegen die Juden. Hatten die nicht Geld an die Republik verliehen und den verlustreichen Krieg damit erst ermöglicht? Und nun, wo große Gebiete in Norditalien verlorengegangen waren, kamen immer mehr Juden von dort in die Stadt, um Unterschlupf zu finden. Das allgemeine Murren uferte deshalb zu wütenden Beschimpfungen aus und entlud sich schließlich in brutalen Übergriffen gegen die Juden. Um dem ein Ende zu machen, hätte der Rat die Juden beinahe aus Venedig verbannt. Doch dann hatten die Ratsherren eine andere Idee: Man musste die Juden eben in ein separates Stadtviertel sperren. Am besten auf eine Insel.

Und da fiel ihnen das Ghetto Nuovo ein. Die Gießerei hatte ihren Betrieb ja schon lange eingestellt, übriggeblieben war nur eine öde Industriebrache. Im März 1516 erging ein Erlass, demzufolge sich alle Juden von Venedig hier anzusiedeln hatten.

Die kleine Insel lag zwar innerhalb des Stadtgebiets, doch konnte sie nur über drei Zugänge betreten oder verlassen werden. Diese ließen sich mit Leichtigkeit überwachen. Außerdem konnte man sie abends nach Sonnenuntergang kurzerhand mit Holztoren versperren und damit sicherstellen, dass die Juden zu Hause blieben. So konnte es auch keine Übergriffe mehr geben, denn die Zugänge zum Judenviertel standen ja unter ständiger Bewachung – natürlich durch Christen.

Die Kosten für diesen Wachdienst mussten die Juden tragen. Das empfand man nur als gerecht, denn schließlich ermöglichte man es ihnen auf diese Art, in der Stadt zu bleiben und weiter ihren Geschäften nachzugehen.

Außerdem mussten auch andere die nächtliche Abriegelung hinnehmen, zum Beispiel die ausländischen Kaufleute im Fondaco dei Tedeschi.

Notgedrungen fügten sich die Juden in die neue Situation. Immerhin war es ihnen erlaubt, im Ghetto als Geldverleiher, Buchdrucker und Ärzte zu arbeiten. Ihre Geschäfte liefen gut, was dazu führte, dass sogar noch weitere Juden nach Venedig zogen und im Ghetto Quartier nahmen. Nun wurde der Raum langsam knapp, und deshalb wuchsen die Häuser jetzt in die Höhe, deutlich mehr, als es in anderen Vierteln der Stadt geschah. Der drückende Platzmangel ließ alle Fragen um die Sicherheit der Statik in den Hintergrund treten.

Doch schon bald platzte die Insel Ghetto Nuovo trotzdem aus allen Nähten. Die Stadt erlaubte schließlich die Ausdehnung auf zwei weitere Wohngebiete. So entstanden das „Ghetto Vecchio" und das „Ghetto Nuovissimo".

Hier lebten im 17. Jahrhundert schließlich etwa 5.000 Juden. Jedem von ihnen standen nicht mehr als ein paar Quadratmeter Raum zur Verfügung, in muffigen Wohnungen mit niedrigen Holzdecken und dünnen Wänden. An der Außenseite des Ghettos, wo die Fenster in Richtung der restlichen Stadt lagen, mussten die Läden verschlossen bleiben.

Die Juden von Venedig verfügten aber immerhin über fünf Synagogen, und einige angesehene Talmudgelehrte entstammten ihrer Gemeinde. Doch bestand die strikte

Auflage, dass die Synagogen von außen bescheiden und schmucklos gestaltet sein mussten. Schließlich durften sie keineswegs die katholischen Kirchen in den Schatten stellen und so den Neid der christlichen Bürger wecken. Noch heute kann man die versteckten Synagogen im Ghetto betrachten, sie wirken wie die Erker einfacher Wohnungen.

Innerhalb ihres Viertels war den Juden ein relativ sicheres und freizügiges Leben möglich, wenn sie auch keinesfalls vor Behördenwillkür und überhöhten staatlichen Geldforderungen gefeit waren. Und natürlich zog die Republik sie weiterhin zur Gewährung hoher Zwangsdarlehen heran. Denn schließlich musste Venedig im 17. Jahrhundert gemeinsam mit anderen europäischen Mächten in den Großen Türkenkrieg gegen das Osmanische Reich ziehen, und der war kostspielig.

Doch das 17. und frühe 18. Jahrhundert brachten mit der letzten großen Pestwelle, mit verlustreichen Kriegen gegen die Türken, mit der damit verbundenen Einbuße wichtiger Handelswege und mit dem aufkommenden Kolonialwesen anderer Staaten auch den Niedergang von Venedigs Macht.

Die wirtschaftlichen Verhältnisse verschlechterten sich dramatisch. Besonders die Bewohner des Ghettos bekamen das zu spüren, denn die absteigende Serenissima versuchte nun erst recht, auch noch das Letzte aus ihnen herauszupressen. Dabei liefen auch bei ihnen die Geschäfte schon längst nicht mehr gut.

Im Lauf des 18. Jahrhunderts spitzte sich die Situation mehr und mehr zu. Als die Not am schlimmsten war, eroberten schließlich Napoleons Truppen die Stadt. Handstreichartig ließ Napoleon im Sinne von Freiheit, Gleichheit und Brüderlichkeit die Holztore des Ghettos niederreißen, öffnete es und erklärte die Niederlassungspflicht der Juden für null und nichtig. Trotzdem dauerte es noch bis zum Anschluss Venetiens an das Königreich Italien im Jahr 1866, bis die Juden vollständige Bürgerrechte erhielten.

Zu Beginn des Zweiten Weltkriegs lebten noch 1.200 Juden im Ghetto. Den meisten gelang die rechtzeitige Flucht vor den Nazis, sie versteckten sich in den Bergen von Venetien. Doch 200 venezianische Juden wurden in Konzentrationslager deportiert und ermordet. Die anderen kehrten nach Ende des Krieges wieder zurück.

Heute leben noch etwa 500 Juden im Ghetto und bewahren dort ihre eigene Kultur. Es gibt koschere Restaurants, jüdische Bäckereien, Buchhandlungen, Galerien, ein Altenheim und ein Museum.

Und natürlich weiß man hier, dass das Ghetto von Venedig allen anderen Ghettos dieser Welt den Namen gegeben hat.

Risotto nero con le seppie – Schwarzes Risotto mit Tintenfisch

Zutaten für 4 Personen: *750 g Tintenfische (geputzt und küchenfertig), 2 Beutelchen Tintenfischtinte, 1,2 l Fischfond, 300 g Risottoreis, 150 ml Weißwein, ½ unbehandelte Zitrone, 3 Schalotten, 1 Bd. Blattpetersilie, 2 Lorbeerblätter, 2 Knoblauchzehen, 50 ml Olivenöl, Salz, Pfeffer*

Zubereitung: *Die Tintenfische waschen, trockentupfen und in Scheiben bzw. Ringe schneiden. Schalotten und Knoblauch schälen und fein hacken, die Petersilienblättchen abzupfen und ebenfalls hacken. Den gelben Teil der Zitronenschale fein abraspeln, dann die Zitrone auspressen.*

Das Olivenöl in einem Topf erhitzen und den Tintenfisch mit Zwiebeln und Knoblauch darin anrösten. Mit 2 Kellen Fischfond ablöschen, die Hälfte der Petersilie sowie die Lorbeerblätter hinzugeben, aufkochen und danach bei milder Hitze 20 Minuten lang köcheln lassen. Nun den Risottoreis hinzugeben und unter Rühren mit einem Holzlöffel mitköcheln lassen, bis die Flüssigkeit aufgesaugt ist, dann sofort mit dem Weißwein ablöschen. Sobald auch dieser absorbiert ist, die Tintenfischtinte, den Zitronensaft und den Schalenabrieb hinzufügen, mit Salz und Pfeffer würzen und so viel Fischfond hinzugeben, bis alles bedeckt ist. Bei milder Hitze immer weiter rühren. Sobald die Flüssigkeit aufgenommen ist, etwas neue Brühe angießen, bis alles verbraucht ist und der Reis gar, aber noch bissfest ist.

Die Lorbeerblätter entfernen, das Risotto auf Tellern anrichten und mit der restlichen Petersilie bestreuen.

Das Verwirrspiel der Maler – oder die Postkartenidylle von Venedig

Herrlich ist ein Spaziergang entlang der Riva degli Schiavoni an einem kühlen Wintermorgen. Hier, wo im Sommer das Gedränge so groß ist, dass an ein Vorwärtskommen oft gar nicht zu denken ist, findet man sich dann fast allein wieder.

Und dabei verdankt es die Riva degli Schiavoni gerade dem Winter, dass sie zu Venedigs wichtigster Uferpromenade geworden ist. Denn zum einen verläuft sie in einer annähernd westöstlich ausgerichteten Achse mit breiter Front gen Süden, andererseits direkt vor dem stets verhältnismäßig warmen Wasser des Canale della Giudecca. Deshalb herrschen hier höhere Temperaturen als in den schattigen, klammen Gassen der Altstadt. Was im Sommer ein Nachteil sein mag und die Touristenschwärme in der Gluthitze schwitzen lässt, verkehrt sich im Winter zu einem höchst angenehmen Vorzug.

So schlendere ich nun entlang der Gondeln, die winterschlafend unter ihrer Schutzdecke auf dem trägen Wasser des Canale dümpeln. Die Türme, Kuppeln und Dächer der Giudecca zeichnen sich erst allmählich im Morgendunst ab, noch lassen sie sich nur schemenhaft wie Traumgebilde zwischen den Schwaden erahnen. Die Souvenirbuden sind noch fest verschlossen, und nur ein einsames Wassertaxi liegt am Kai. Sein Fahrer lehnt am

Holzpoller des Landungsstegs, versunken starrt er auf das Display seines Smartphones.

Gerade öffnet der Einlass zum Dogenpalast, ein Angestellter schiebt mit routinierter Gemächlichkeit die Absperrung beiseite. Es bedarf keiner Eile, denn noch ist der Wartebereich verwaist und leer. Seit dem 9. Jahrhundert regierten die Dogen von diesem Platz aus über die Stadt und deren Territorien, zunächst noch in einem einfachen Holzbau, später in immer aufwendigeren Gebäuden und ab dem 14. Jahrhundert in dem gotischen Prachtbau, als welcher der „Palazzo Ducale" sich mehr oder weniger noch heute präsentiert. Sieht man einmal von diversen Feuersbrünsten ab, nach denen der Bau zwar äußerlich in seiner alten Optik, im Inneren aber entsprechend der Mode des jeweiligen Zeitgeists wiederaufgebaut wurde.

Mein Blick schweift weiter über die Riva degli Schiavoni, Venedigs repräsentatives Ufer. Am Anfang, als die Stadt noch in den Kinderschuhen steckte, befanden sich hier Werften und kleine Handwerksbetriebe. Slawische Händler, die mit ihren Waren anlandeten, gaben dem Ufer seinen Namen: „Schiavoni" heißt im venezianischen Dialekt nichts anderes als „Slawen".

Schon damals füllte reges Leben den Kai. Doch je mehr die weltliche Elite und der Klerus den Markusplatz sowie die Uferpromenade für sich beanspruchten, desto mehr wurden die Handwerker in andere Stadtgebiete abgedrängt. Die Riva wurde erweitert und ausgebaut. Sie diente nun in erster Linie als Schiffsanlegeplatz und vornehme Flaniermeile.

Mitte des 19. Jahrhunderts aufkommende Pläne, an der Riva ein gigantisches Strandhotel, eine Art Bettenburg mit Casino, Sternwarte und Aussichtstürmen zu errichten, konnten erfolgreich abgewehrt werden. Durchgesetzt wurden hingegen die rigorosen Maßnahmen der Faschisten, durch welche die Riva in der ersten Hälfte des letzten Jahrhunderts bis zu den Giardini Pubblici mit dem Gelände der Biennale verlängert wurde. Nach dem Zweiten Weltkrieg entstanden daran einige recht hässliche Profanbauten, zum Beispiel eine nüchterne Erweiterung des noblen Palazzo Dandolo in Richtung der Bleikammern. Der blassrot getünchte Prunkbau, der im 13. Jahrhundert als repräsentativer Sitz der einflussreichen Familie Dandolo entstand, dient nämlich schon seit dem 19. Jahrhundert als luxuriöses Hotel. Und bereits zuvor logierten hier illustre Gäste der Stadt. Ihre Namen reichen von Goethe, der bekanntlich schon überall gewesen ist, bis hin zu Richard Wagner, von Charles Dickens bis zu Lord Byron, von George Sand, Leonard Bernstein und Benjamin Britten bis zu Prominenten neuerer Zeit wie Harrison Ford oder Steven Spielberg. Und natürlich Johnny Depp und Angelina Jolie, denn hier, im heutigen Hotel Danieli, fanden umfangreiche Dreharbeiten zu deren gemeinsamem Film „The Tourist“ statt.

Aber eigentlich wollte ich Ihnen nicht von den Hollywoodgrößen unserer Tage erzählen. Ich bin zur Riva degli Schiavoni gekommen, um an einen anderen Publikumsliebling zu denken, der schon lange zuvor an diesem Ufer wirkte. Ihm ist es maßgeblich mit zu verdanken, dass Pracht und Schönheit von Venedig europaweit bekannt wurden. Und er weckte sehnsuchtsvolles Fernweh in so manchem Gemüt, lange, bevor das Reisen zum Vergnügen für jedermann wurde. Und lange, bevor die Reiselustigen in aller Welt farbenfrohe Fotos in Bildbänden geschweige denn im Internet betrachten konnten.

Die Rede ist von Giovanni Antonio Canal, besser bekannt unter seinem Alias Canaletto. Eines seiner Lieblingsmotive ist die glanzvolle Kulisse der Riva degli Schiavoni, die fantastischen venezianisch-byzantinischen Bauten, das wuselnde Treiben der Gondeln auf dem Canale della Giudecca und das würdevolle Dahingleiten des prunkvollen Bucintoro, der goldenen Staatsbarke des Dogen. Canalettos Bilder zeigen pittoreske Szenen in den heiteren Pastellfarben eines lichten adriatischen Ambientes. Die malerische Abbildung einer Stadt bezeichnet man als „Vedute" (von italienisch „veduta" – „Ansicht"). Veduten sind die Vorläufer der Ansichtspostkarten, und so gesehen ist Canaletto auch ein Vorgänger der Illustratoren, die man heute zuhauf vor touristischen Attraktionen antrifft und die dort ihre rasch dahingepinselten, mehr oder weniger kitschigen Souvenirmalereien feilbieten.

Natürlich tut man Canaletto unrecht, wenn man ihn mit Alltagsdilettanten auf eine Stufe stellt. Doch seine Art der Darstellung erfüllte einen ähnlichen Zweck. Vor dem Zeitalter der Fotografie gab es keine andere Möglichkeit, von fernen Orten bildlich zu berichten, als diese möglichst detailreich und naturalistisch zu malen. Der Schwerpunkt dieser Bilder liegt denn auch eher auf einer dokumentierenden Bestandsaufnahme als in einer emotionsgeladenen künstlerischen Erzähltiefe.

Bilder solcher Art gab es bereits im 15. Jahrhundert, als Pilger die Stadtansichten fremder Orte mit nach Hause nahmen, um ihre Reiseberichte bei den Daheimgebliebenen mit deren Hilfe untermalen zu können. Und schon Gentile, der Bruder des Malers Giovanni Bellini, pflegte den Hintergrund seiner eigenen Gemälde mit solchen Stadtansichten zu schmücken. Doch ein richtiger Boom erfasste das Genre erst, als immer mehr englische Aristokraten im 18. Jahrhundert das Reisen für sich entdeckten.

Schon ab dem Zeitalter der Renaissance hatte es sich allmählich eingebürgert, dass die Söhne aus besserem Hause zum Abschluss ihrer Ausbildung auf eine „Grand Tour" gingen. Die Reise führte sie zu den klassischen Stätten europäischer Kulturgeschichte in Mitteleuropa, Spanien und Italien, mitunter sogar bis ins Heilige Land (interessanterweise jedoch nicht nach Griechenland). Zu den obligatorischen Reisezielen in Italien gehörten die Kunststädte der Toskana, Rom, Neapel, Capri, die Amalfiküste, Paestum und manchmal noch Sizilien. Selbstverständlich war es, auf dem Rückweg Venetien zu besuchen, hier Vincenza sowie die Villen Andrea Palladios zu besichtigen, und vor allen Dingen natürlich, nach Venedig zu fahren. Die Sitte, sich auf eine solche Rundreise zu begeben, erreichte im 18. Jahrhundert ihren Höhepunkt. Und nun schlug die Stunde Canalettos.

Schon als Kleinkind liebte der 1697 geborene Knabe es, in der Werkstatt seines Vaters zu sein. Der arbeitete nämlich als Bühnenbildner für die zahlreichen Theater der Stadt. Zwischen kunstvollen Kulissen machte Canaletto seine ersten Gehversuche, und es mag sein, dass er den Pinsel schon zu schwingen wusste, bevor es mit dem Laufen so richtig klappen wollte. Vom Vater lernte er die technischen Tricks kennen, die möglichst naturalistische Darstellungen ermöglichten. Und diese Methoden perfektionierte er im Laufe seiner künstlerischen Entwicklung so sehr, dass seine Veduten in ihrer Präzision fast schon an den Fotorealismus heranreichen. Beinahe unmerklich bediente er sich dabei zusätzlich des „Capriccio", einer künstlerischen Freiheit, mittels derer er spielerische Übertreibungen in seine Werke integrierte. Auf diese Art gelangen ihm solch fantasievolle Augenweiden, dass sie schon bald recht breites Aufsehen erregten.

Denn sein Glück war es, dass er in das anbrechende Jahrhundert der reiselustigen Engländer hineingeboren wurde. Schon im Jahr 1700 sollte einer seiner späteren Förderer in Venedig eintreffen. Es war der junge Joseph Smith, der eine Stelle in der venezianischen Niederlassung eines Londoner Bankhauses antrat und, geschäftstüchtig, wie er war, schon bald darauf die Leitung des Instituts übernahm. Sein untrüglicher Instinkt machte ihn schnell zu einem reichen Mann. Er kaufte einen Palazzo am Canal Grande und sollte später zum englischen Konsul in der Republik Venedig aufsteigen. Doch ganz besonders machte er sich einen Namen als wichtiger Förderer der venezianischen Kunstszene. Er unterstützte junge Maler, betrieb einen anspruchsvollen Buchverlag und engagierte sich für die Oper. Er trat als Agent des berühmten Kastratensängers Farinelli auf und lockte mit dessen Auftritten Georg Friedrich Händel nach Venedig, der während seines Aufenthalts die Adresse des Joseph Smith als seine eigene Postanschrift nutzte.

Doch vor allem war Joseph Smith ein cleverer Geschäftsmann. Als solchem entging ihm das Fernweh seiner englischen Landsleute natürlich nicht. Und als feinsinniger Kunstkenner dachte er sofort an die Stadtbilder des äußerst talentierten Canaletto. So erhob er sich flugs zu dessen Agenten und begann einen Handel mit der englischen Heimat. In London sorgte Smiths Bruder dafür, dass Canalettos Veduten an den Mann gebracht wurden.

Schon bald zierten die ersten Venedigdarstellungen die Salons feiner englischer Lords und Ladys. Welch ein Aufsehen erregten sie, wenn die vornehme Gesellschaft dort zum Nachmittagstee eintraf und mit sprachlosem Entzücken vor diesen elysischen Darstellungen stand, die in ihrer Detailverliebtheit immer wieder Neues entdecken ließen! Wenn sich die Sprachlosigkeit dann in wortreicher Bewunderung löste und die Staunenden schließlich wieder abfuhren, beseelte sie nichts inniger als der dringende Wunsch, doch selbst auch im Besitz eines solch köstlichen Bildes zu sein! Ist es verwunderlich, dass schnell Schwung in den Galeriebetrieb der Brüder Smith kam?

Doch natürlich erforderte die Herstellung solch präziser Bilder eine ganze Menge Zeit. Deshalb beauftragte Joseph Smith einen Kupferstecher mit der Reproduktion der Werke Canalettos. Auf diese Art war es möglich, die hohe Nachfrage auf dem Kunstmarkt leichter zu befriedigen. Canalettos Ruhm auf den Britischen Inseln schnellte in kosmische Sphären, und 1746 begab er sich schließlich selbst in das Land seiner größten Triumphe. Hier fand er im Duke of Richmond einen Mäzen, der es ihm erlaubte, zehn Jahre lang zu bleiben und mit seinen luftig-leichten Bildern das London jener Tage für die Nachwelt lebendig zu halten. Erst die letzten zwölf Jahre seines Lebens verbrachte Canaletto wieder in Venedig. Die Bilder der Stadt, die er bis zu seinem Tod im Jahr 1768 malte, sind düsterer und melancholischer.

Und sollten Sie sich nun gewundert haben, dass Canalettos berühmte Stadtansichten von Dresden nicht erwähnt wurden: Es gab zwei Vedutenmaler, die den Künstlernamen Canaletto trugen. Bernardo Bellotto war ein Neffe von Giovanni Antonio Canal, er wurde 1722 in

Venedig geboren. Dass auch in ihm ein herausragendes Talent als Maler schlummerte, erkannte sein Onkel schon in dem 14-jährigen Buben. Deshalb nahm er ihn unter seine Fittiche und bildete ihn aus. Das führte dazu, dass man den künstlerischen Stil der beiden kaum zu unterscheiden vermag. Um uns und die gesamte Kunstwelt komplett zu verwirren, nahm Bernardo zu allem Überfluss auch noch selbst den Künstlernamen Canaletto an. Das tat er aber sicher nicht in böser Absicht. Denn schon seit langem pflegten Mitglieder der Familie Canal, der auch Bernardos Mutter angehörte, mitunter ihrem Namen die verniedlichende Endung „-etto" hinzuzufügen.

Dieser zweite Maler Canaletto zeichnete sich durch weitaus größere Reisefreude als sein Onkel aus. Schon als knapp 20-Jähriger erkundete er Venetien, bald danach die Toskana und Rom. Denn seine Reisen ermöglichten es ihm, die Welt mit eigenen Augen zu erkunden und – weitab vom kritischen Blick seines Onkels – so zu malen, wie er es wollte. In dieser Zeit muss ihn das Fernweh gepackt haben. Denn als sein Onkel 1746 nach London ging, wollte er dem Neffen sein florierendes Atelier in Venedig überlassen. Doch der junge Canaletto winkte ab. Über Verona gelangte er 1747 nach Dresden, wo er glänzende Erfolge feierte. Reisen brachten ihn zwischendurch nach Wien und München, aber es zog ihn wieder nach Dresden zurück. Seinen Lebensabend verbrachte er schließlich am königlichen Hof in Warschau, wo er 1780 starb.

Cicchetti – venezianische Snacks

Zutaten für 4 Personen: *1-2 Ciabattabrote (je nach Größe und Appetit), 100 g Thunfisch aus der Dose (abgetropft), 1 Bd. Rucola, 1 Bd. Basilikum, 100 g Pinienkerne, 150 g entsteinte schwarze Oliven, 40 g geriebener Parmesan, 80 ml Olivenöl, 80 g Mayonnaise, 100 g Joghurt, 4 Knoblauchzehen, 1 Zitrone, 3 El Kapern (aus dem Glas, abgetropft), 2 El Tomatenmark, 2 Tomaten, Salz, Pfeffer, zusätzlich nach Geschmack: eingelegte Tomaten, Kapernäpfel, Oliven, einige Radicchioblätter, Feigen, Salamischeibchen, Parmesankäse, Peccorino, kleine Mozzarellakugeln*

Zubereitung: *Die Zitrone auspressen. Den Rucola waschen und trockenschleudern, die dicken Stiele entfernen. Das Brot in nicht zu dicke Scheiben schneiden. Die Tomaten waschen und in kleine Würfel schneiden. Die Knoblauchzehen schälen und fein hacken. Die Pinienkerne in einer Pfanne ohne Fett rösten, bis sie duften, danach recht klein hacken.*

Für die **Thunfischcreme**: *6-8 Rucolablättchen fein zerhacken. Den Thunfisch mit der Gabel zerdrücken und ¼ des Knoblauchs, den gehackten Rucola, Mayonnaise sowie Joghurt untermengen, mit etwas Zitronensaft, Salz und Pfeffer abschmecken.*

Für das **Pesto**: *Die Basilikumblättchen abzupfen und fein hacken. Nun mit dem Parmesankäse, der Hälfte der Pinienkerne und 50 ml Olivenöl verrühren, dabei mit etwas Zitronensaft, Salz und Pfeffer abschmecken.*

Für die **Olivenpaste**: *Die Oliven zusammen mit den Kapern, den restlichen Pinienkernen, dem restlichen Olivenöl, dem Tomatenmark, dem restlichen Knoblauch, etwas Zitronensaft und Pfeffer sowie 40 ml Wasser mit dem Pürierstab zerkleinern, bis eine glatte Masse entstanden ist.*

Nun die Brotscheiben abwechselnd mit einer der drei Pasten bestreichen. Auf einer Platte oder einem großen Brett nach Belieben etwas Rucola und/oder Radicchio verteilen und die Scheiben darauf anrichten. In die Mitte der Scheibchen jeweils ein Rucolablättchen und/oder ein paar Tomatenwürfelchen legen, wahlweise auch einen Kapernapfel, eine eingelegte Tomate oder eine Olive. Salamischeibchen, geviertelte Feigen, Oliven und Käse nach Geschmack dazu dekorieren.

Cicchetti *sind kleine Häppchen, sie bestehen aus einer Mischung von Brotscheibchen, die mit Gemüse, Salat, Käsecreme oder Fischmousse belegt sind, kleinen Frikadellen, Oliven, Kapern, gefüllten Teigtäschchen, eingelegtem oder frittiertem Gemüse und dergleichen. Der Fantasie sind dabei keine Grenzen gesetzt. Für den etwas größeren Appetit gibt es* ***Tramezzini****, die venezianische Variation des klassischen Sandwich: dreieckig geschnittene, randlose Toastscheiben, zusammengeklappt über den verschiedensten Belägen wie Schinken, Thunfisch, Käse, Salami, Krebsfleisch oder Meeresfrüchten, abgerundet mit Tomaten, Gurken, Rucola oder Radicchio sowie Remoulade.*
*Cicchetti und Tramezzini werden in den traditionellen „****Bàcari****“ von Venedig serviert, die ihre Bezeichnung Bacchus verdanken, dem Gott des Weines. Sie sind einfache Weinlokale, in denen man zwischendurch auf ein bisschen Finger Food und ein 100-Milliliter-Gläschen Wein einkehrt, den „****Ombra****“ – „Schatten“. Dieser Name für den aushäusig getrunkenen Schoppen Wein entstand, als zu Füßen des Glockenturms von San Marco noch Imbissbuden standen, die den Wein verkauften, der mit Booten aus Apulien an der Riva dei Schiavoni angeliefert wurde. Während des Tagesverlaufs folgten diese Buden dem Schatten des Campanile, damit der Wein stets kühl blieb. Hier traf man sich auf einen Plausch bei einem kleinen Glas Wein. „Fare un giro di ombre“ – „eine Schattentour machen“ ist in Venedig das, was wir in Deutschland unter einer Kneipentour verstehen.*

Engelchen, flieg! – Abschied nehmen, wenn es am schönsten ist

Bald ist es so weit: Ich muss Abschied von Venedig nehmen, zumindest für dieses Mal. Todaro hat mir geraten, noch bis zum Sonntag zu bleiben. Es ist nämlich ein besonderer Sonntag: Zehn Tage vor Aschermittwoch wird an diesem Tag traditionell der Straßenkarneval eröffnet.

Zwar hat es schon im Lauf der Vorwoche etliche Veranstaltungen gegeben, und Tag für Tag entdeckt man mehr Maskenträger in der Stadt. Ich kann das gut verstehen, denn wer sich die Mühe gemacht hat, ein aufwendiges Kostüm zu kreieren, der will sich auch möglichst oft darin zeigen. Besonders, wenn die Tage sonnig sind, posieren die Maskierten deshalb ein bisschen selbstverliebt, ja, fast schon narzisstisch vor den fotogenen Sehenswürdigkeiten der Stadt. Aber wer möchte sich darüber beschweren? Schließlich geben sie dabei die herrlichsten Fotomotive ab.

Je näher die eigentlichen Karnevalstage rücken, desto schwieriger wird es natürlich, überhaupt an diese Fotomotive heranzukommen. Die Stadt füllt sich zusehends, und das ist auch der Grund, weshalb ich eigentlich abreisen möchte. Den Engelsflug dürfe ich aber unter keinen Umständen versäumen, meint Todaro. Und so füge ich mich in mein Schicksal und begleite ihn an diesem strahlenden Sonntagmorgen in aller Frühe zum Markusplatz. Erst um halb elf wird es losgehen, aber wer einen auch nur halbwegs guten Platz ergattern will, sollte sich tunlichst früher einfinden.

Der „Engelsflug“ oder auch „Flug der Colombina“ leitete schon in der frühen Neuzeit den öffentlichen Teil des venezianischen Karnevals ein. Es war eine aberwitzige Idee: An der Riva degli Schiavoni machte ein Floß fest, und von der Spitze des Glockenturms ließ man ein Seil herab, das zwischen Floß und Turmspitze straff gespannt wurde. Von der anderen Seite der Turmspitze spannte man ein weiteres Seil hinab bis zum Dogenpalast, wo die Obrigkeit auf einer Tribüne der Veranstaltung beiwohnte.

Ein waghalsiger Seiltänzer machte sich sodann vom Floß aus auf den Weg und balancierte über das Seil hinauf auf den Campanile. Der erste, der 1548 den nötigen Mut zu dieser Aktion aufbrachte, war ein türkischer Akrobat (ihm zu Ehren spricht man auch vom „Türkenflug“). Von oben ließ er Blumen auf die Menge hinabregnen, um sich sodann auf der anderen Seite an den Abstieg zu begeben. Kaum kam er dort unten vor der Tribüne an, brach frenetischer Jubel aus: Der Karneval war eröffnet. Überall fanden nun auf den Straßen und Plätzen Theateraufführungen statt, es gab rauschende Kostümbälle, ausgelassenes Jahrmarktgetümmel, Gesang, Musik und Tanz.

Das alles gab es natürlich schon lange vor Einführung des Engelsflugs. So richtig in Schwung kam der Karneval von Venedig ab 1162, dem Jahr, in dem das feindliche Aquileia in der heutigen Provinz Udine besiegt wurde. In römischer Zeit war Aquileia eine mächtige Stadt gewesen, doch nun verdrängte das aufstrebende Venedig es ein für alle Mal und schickte es auf den Weg in die Bedeutungslosigkeit.

Ulrich II., Patriarch von Aquileia und ergebener Parteigänger des in Venedig verhassten Kaisers Barbarossa, wurde mitsamt seinen Gefolgsleuten verhaftet und im Gefängnis des Dogenpalasts eingekerkert. Er kam erst frei, nachdem er sich dazu verpflichtet hatte, alljährlich am „Schmotzigen Donnerstag", dem Donnerstag vor Aschermittwoch, zwölf fette Schweine, zwölf große Brote und einen Ochsen als Tributleistung an Venedig zu liefern.

Brot und Tiere wurden dort im Rahmen eines großen Festes verzehrt, um den Triumph jedes Jahr aufs Neue zu feiern. Zuvor schlachtete man die bedauernswerten Schweine auf brachiale Weise, indem man sie vom Markusturm hinabstürzte. Aus dieser brutalen Sitte entwickelte sich der Engelsflug. Wie viele Seilakrobaten dabei abstürzten und ihre gewagte Kletteraktion mit dem Leben bezahlen mussten, ist nicht überliefert. Dem modernen „Engel", der seit 2001 wieder alljährlich seine Flugreise antritt, droht solcherlei Gefahr hingegen nicht. Denn heutzutage wird die Karnevalskönigin, die den Job des „Volo dell'Angelo" übernommen hat, um Punkt zwölf Uhr mittags an einem Drahtseil langsam und sicher vom Campanile aus auf den Markusplatz hinabgelassen, wo eine begeisterte Menge an dem Spektakel teilnimmt.

Ich blicke hinauf zur knapp 99 Meter hohen Turmspitze, nur wenig unterhalb davon muss die Karnevalskönigin ihre Reise antreten. Allein bei dem Gedanken, mit ihr tauschen zu müssen, wird es mir ganz mulmig, Absicherung hin oder her.

Musik begleitet die prächtig gewandete Engels-Colombina, während sie stoisch lächelnd langsam hinabschwebt, dabei Luftküsschen und Glitzerkonfetti verstreuend. Eng gedrängt stehen die Zuschauer, die meisten in fantasievollen Kostümen. Im meiner Alltagskleidung komme ich mir auf fast schon beklemmende Art underdressed vor.

Hätte ich doch auf Todaro gehört und wenigstens die schlichte Bauta-Maske aufgesetzt, die ich bei Marilisa gekauft habe. Diese ursprünglich stets weiße Bauta ist die einfachste und verbreitetste der venezianischen Masken. Sie hat eine vorgestülpte Kinnpartie, wodurch es ihrem Träger ermöglicht wird, zu essen und zu trinken, ohne die Maske absetzen zu müssen. Zusammen mit dem „Tabarro" genannten Cape ergibt sie eine komplette Verkleidung, die in früherer Zeit auch außerhalb des Karnevals, zum Beispiel bei geheimen Wahlen, eine wichtige Rolle spielte. Schließlich anonymisiert sie ihre Träger, weshalb er oder sie auch geschlechtsübergreifend als „Siôra Maschera" angeredet wurde.

Nächstes Jahr, Todaro, werde ich meine Maske tragen. Ganz bestimmt!

Zaléti – venezianische Plätzchen

Zutaten: *150 g Weizenmehl, 150 g Maismehl (fein), 100 g Butter (zimmerwarm), 2 Eier, 1 Eigelb, 6 El flüssiger Honig, 100 ml Vin Santo (Dessertwein), 50 g Sultaninen, 50 g Pinienkerne, 2 Tl Backpulver, Salz*

Zubereitung: *Eier und Eigelb in eine Schüssel geben und mit dem Honig verquirlen. Die Butter, den Vin Santo und eine Prise Salz daruntermischen. Nun mit den Händen zunächst Weizenmehl und Backpulver, dann das Maismehl unterkneten. Kräftig durchwalzen und zum Schluss Sultaninen und Pinienkerne darunterarbeiten. Den Teig zu einer Kugel formen und fest in Frischhaltefolie einwickeln. 1 Stunde lang im Kühlschrank ruhen lassen.*

Nach Ablauf der Zeit noch einmal durchkneten und dann ca. 1 cm dick ausrollen. Mit einem Schnapsglas oder Eierbecher runde Plätzchen ausstechen und auf einem mit Backpapier ausgelegten Backblech platzieren. Den Backofen auf 170°C vorheizen und die Plätzchen darin 20 Minuten lang goldbraun backen.

Auch die **Zaléti** *werden in Venedig traditionell zur Karnevalszeit gebacken. Man bekommt sie aber inzwischen in fast ganz Venetien rund ums Jahr. Unser historisches Rezept verwendet Honig anstelle von Zucker. Damit die Plätzchen keinen bitteren Nachgeschmack erhalten, sollte man Akazien- oder Orangenblütenhonig verwenden, auf keinen Fall Kastanien- oder Löwenzahnhonig.*

Eine andere typische Karnevalsleckerei sind die **Chiacchiere** *(„Geschwätz"), die angeblich auf einem schon aus römischer Zeit stammenden Rezept beruhen. Man findet sie in zahlreichen Variationen und unter verschiedenen Namen in ganz Italien, hier die venezianische Version, die auch unter den Bezeichnungen „galani", „bugie" oder „crostoli" anzutreffen ist:*

Chiacchiere di carnevale – Ein Karnevals-Schmalzgebäck

Zutaten: *300 g Mehl, 40 g Zucker, 2 Eier, 60 ml Milch, 30 g Butter, 2 El Grappa, die fein abgeriebene Schale einer großen unbehandelten Zitrone, 1 l Sonnenblumenöl, Salz, Mehl für die Arbeitsfläche, Puderzucker*

Zubereitung: *Die Butter zerlassen. Mehl, Zucker und eine Prise Salz in eine Schüssel geben und vermischen. In die Mitte eine Mulde drücken und Eier, flüssige Butter, Zitronenschale sowie Grappa hineingeben und von der Mitte ausgehend mit der Gabel untermischen. Sobald die Flüssigkeit absorbiert ist, die Milch nach und nach hinzugeben. So lange mit der Gabel weitervermengen, bis der Teig an der Gabel kleben bleibt, dann mit der Hand weiterkneten, bis sich der Teig von den Schüsselrändern löst. Nun eine Kugel daraus formen, diese fest in Frischhaltefolie einwickeln und 20 Minuten lang bei Zimmertemperatur stehenlassen. Anschließend den Teig durch die Nudelmaschine laufen lassen oder, wenn keine Nudelmaschine vorhanden ist, mit dem Nudelholz auf einer eingemehlten Fläche ganz dünn ausrollen. Den dünn ausgerollten Teig mehrmals falten und erneut durch die Maschine ziehen oder dünn ausrollen. Je öfter man den Teig faltet, desto mehr Blasen wird er nachher beim Backen schlagen. Man sollte den Vorgang also mehrmals wiederholen.*

Zum Schluss den erneut dünn ausgerollten Teig mit dem Teigrädchen in rautenförmige Rechtecke schneiden. Das Sonnenblumenöl in einem hohen Topf oder in der Fritteuse auf 175°C erhitzen. Der Teig soll weder auf den Boden sinken, noch sofort bräunen, dann ist die Temperatur richtig. Nicht zu viele Teigrauten auf einmal hineingeben und nach 3-4 Sekunden wenden, damit sich auf beiden Seiten Blasen bilden. Nach weiteren 3-4 Sekunden herausnehmen, auf Küchenkrepp entfetten und 15 Minuten abkühlen lassen. Dann mit Puderzucker bestäuben und in einer Servierschale anrichten.

*Liebe Leser*innen,*

ich hoffe, Ihnen hat unsere gemeinsame Reise nach Venedig gefallen.

Natürlich gibt es noch viele weitere Geschichten aus dieser wunderbaren Stadt zu erzählen. Einig venezianische Themen habe ich schon in meinen beiden Italienbüchern aufgegriffen, zum Beispiel die spannenden Abenteuer des Marco Polo oder die fabelhafte Karriere des „roten Priesters" Antonio Vivaldi, der mit den Mädchen aus einem Waisenhaus ein Orchester gründete und zum frenetisch gefeierten Star der Lagune aufstieg. Außerdem finden Sie Geschichten über das Muranoglas, über die erste Gondoliera von Venedig und noch mehr über den Karneval in der Lagune, wie immer begleitet von typischen Rezepten.

Für Ihre Tipps, Hinweise oder Anregungen interessiere ich mich sehr und beantworte auch gerne Ihre Fragen. Ich freue mich immer über Post!
Schreiben Sie mir einfach an kontakt@almutirmscher.de

Versäumen Sie nicht die **Fotos aus Venedig** *auf* ***www.almutirmscher.de****!*

Vielen Dank und…
…Ciao. A presto in Venezia – bis bald in Venedig!

Ihre
Almut Irmscher

Die Reihe der Lesebücher von Almut Irmscher wird fortgesetzt. Bereits erschienen sind Bücher zu folgenden Ländern, Regionen und Städten:

Bayern
Bergisches Land
Cornwall
Dänemark
England
Griechenland
Hamburg
Irland
Island
Italien (2 Bände)
Kroatien
Namibia
Neapel, Sorrent und Amalfiküste
Nordsee
Norwegen
Rom
Österreich
Ostsee
Portugal
Provence
Rhein
Sardinien
Schottland (2 Bände)
Schweden
Sizilien
Spanien
Toskana
Venedig
Wien

Im Frühjahr 2022 erscheint:
Amsterdam

Die Bücher im Einzelnen:

Das Norwegen-Lesebuch
Impressionen und Rezepte aus dem Land der Fjorde
MANA-Verlag - ISBN-13: 978-3-95503-130-5

Das Irland-Lesebuch
Impressionen und Rezepte von der grünen Insel
MANA-Verlag - ISBN: 978-3-95503-136-7

Das Schweden-Lesebuch:
Impressionen und Rezepte aus dem Land der Elche
MANA-Verlag - ISBN-10: 3955031772

Das Schottland-Lesebuch
Impressionen und Rezepte aus Highlands und Lowlands
MANA-Verlag - ISBN: 978-3-95503-139-8

und der zweite Band:
Das Schottland-Lesebuch *Impressionen und Rezepte von einer Reise durch das Land der Moore und Mysterien*
ISBN-10: 1530766478 ISBN-13: 978-1530766475

Das Italien-Lesebuch:
Impressionen aus dem Land der Sehnsucht
MANA-Verlag - ISBN-10: 3955031497

und der zweite Band:
Das Italien-Lesebuch:
Neue Impressionen aus dem Land der Sehnsucht
ISBN-10: 1495928187 ISBN-13: 978-1495928185

Das Toskana-Lesebuch
Impressionen und Rezepte aus dem Land von Kunst und Genuss
MANA-Verlag - ISBN: 3955031837

Das Island-Lesebuch
Impressionen und Rezepte aus dem Land der Elfen und Trolle
MANA-Verlag - ISBN-10: 978-3-95503-127-5

Das Dänemark-Lesebuch:
Impressionen und Rezepte aus dem Land des Glücks
MANA-Verlag - ISBN-10: 3955031330

Das Griechenland-Lesebuch:
Impressionen und Rezepte aus dem Land der Mythen und Inseln
MANA-Verlag - ISBN-10: 3955031527

Das Portugal-Lesebuch
Impressionen und Rezepte aus dem Land der Seefahrer
MANA-Verlag - ISBN-10: 3955031462

Das Kroatien-Lesebuch
Impressionen und Rezepte aus dem Land der schönen Küsten
MANA-Verlag - ISBN-10: 3955031802

Das England-Lesebuch
Impressionen und Rezepte aus dem Land der Traditionen
MANA-Verlag - ISBN-10: 978-3-95503-142-8

Das Venedig-Lesebuch
Impressionen und Rezepte aus der Lagunenstadt
ISBN-10: 1544743793 ISBN-13: 978-1544743790

Das Rom-Lesebuch
Impressionen und Rezepte aus der Ewigen Stadt
MANA-Verlag - ISBN: 395503237X

Neapel, Sorrent und Amalfiküste – das Lesebuch
Impressionen und Rezepte
ISBN-10: 154726554X ISBN-13: 978- 1547265541

Das Sizilien-Lesebuch
Impressionen und Rezepte von der Insel der Götter
ISBN-10: 1534689974 ISBN-13: 978-1534689978

Das Provence-Lesebuch
Impressionen und Rezepte aus dem Land des Lichts
ISBN-10: 1500305596 ISBN-13: 978-1500305598

Das Cornwall-Lesebuch
Impressionen und Rezepte aus dem Pilcher-Land
ISBN-13: 978-1499155228 ISBN-10: 1499155220

Das Hamburg-Lesebuch
Impressionen und Rezepte aus der Hafenmetropole
MANA Verlag - ISBN: 395503240X

Das Nordsee-Lesebuch
Impressionen und Rezepte von der deutschen Nordseeküste
MANA-Verlag - ISBN: 3955032159

Das Ostsee-Lesebuch
Impressionen und Rezepte von der deutschen Ostseeküste
MANA-Verlag - ISBN: 3955032124

Das Rhein-Lesebuch
Impressionen und Rezepte aus Stadt und Land am großen Fluss
ISBN-10: 1523690275 ISBN-13: 978-1523690275

Das Bayern-Lesebuch *Impressionen und Rezepte aus dem Land südlich des Weißwurst-Äquators*
ISBN-10: 1503264750 ISBN-13: 978-1503264755

Das bergische Lesebuch:
Impressionen und Rezepte aus dem Bergischen Land
ISBN-10: 1516835581 ISBN-13: 978- 1516835584

Das Österreich-Lesebuch *Impressionen und Rezepte aus dem Land von Walzertakt und Mozartkugeln*
ISBN-10: 151888914X ISBN-13: 978-1518889141

Das Namibia-Lesebuch
Impressionen und Rezepte aus dem Land von Wüste und Wildnis
MANA-Verlag - ISBN: 3955032000

Das Spanien-Lesebuch
Impressionen und Rezepte aus dem Land der Sonne
MANA-Verlag - ISBN: 3955032094

Das Sardinien-Lesebuch
Impressionen und Rezepte von der Insel der Traumstrände
MANA-Verlag - ISBN: 3955032310

Das Wien-Lesebuch
Impressionen und Rezepte aus der Stadt der Donaumonarchie
MANA-Verlag - ISBN: 3955032345

Romane von Almut Irmscher:

Aus Lippstadt – eine Reise ohne Ziel
ISBN-13: 978-1507786574 ISBN-10: 1507786573

Bunga Bunga - ein wirklich böser Mafia-Roman
ISBN-10: 1496097041 ISBN-13: 978-1496097040

Wie die Libelle in der Wasserwaage - Roman
ISBN-10: 1495437396 ISBN-13: 978-1495437397

Es wird gegessen, was auf den Tisch kommt!
– ein biografischer Roman aus der Küche.
ISBN-10: 1506175171 ISBN-13: 978-1506175171

Und für alle, die gerne kochen:

Das kleine Italien-Kochbuch
245 Rezepte aus dem Land der Sehnsucht

Aktuelle Informationen zu Neuerscheinungen
sowie
Fotoalben aus allen Regionen
finden Sie auf

www.almutirmscher.de

Via della Libertà
San Michele
Ghetto Nuovo
Rialto Markt
Fondaco dei Tedeschi
Ponte Rialto
Piazzale Roma
Kreuz-fahrt-terminal
Arsenal
Piazza San Marco
Riva degli Schiavoni
Guggenheim Museum
Canale della Giudecca
Giardini Biennale
San Giorgio Maggiore
Giardino Eden
Giudecca

Burano
Murano
Sant'Erasmo
Halbinsel von Cavallino
Venezia
Le Vignole
MOSE
Canale della Giudecca
Lazzaretto Vecchio
Lido di Venezia

Dankeschön :-)

Ich danke allen, die mich mit Tipps und Anregungen unterstützt haben.
Ganz besonders danke ich meinem Mann Ulrich Otto, ohne seinen Rat, seine Korrekturen, seine Aufmunterungen und seine ständige Bereitschaft, mir alle Hindernisse aus dem Weg zu räumen, wäre meine Arbeit nicht möglich.
Mein herzlicher Dank geht an Rosi Seidl, die die Fotoalben auf meiner Seite www.almutirmscher.de mit ihren schönen Bildern bereichert.
Besonderer Dank gebührt auch meiner Freundin Gunhild Hexamer, die mich nicht nur durch die Jahrzehnte des Lebens begleitet hat, sondern auch die Entstehung meiner Bücher jedes Mal aufs Neue unermüdlich und engagiert mit ihren Hinweisen, Korrekturen und Anregungen begleitet. Sie ist es auch gewesen, die mir überhaupt erst den Anstoß zum Schreiben gegeben hat. Ohne Gunhild gäbe es meine Bücher nicht.
Gunhild ist selbst Autorin, wenn Sie sich für Nordamerika interessieren, dann empfehle ich Ihnen ihre Bücher, die Sie auf ihrer Website www.ghexamer.de finden.

Printed in Poland
by Amazon Fulfillment
Poland Sp. z o.o., Wrocław

87169720R00134